et 33 francs, par la Poste, *franches de port*. Les Personnes qui souscrivent en mê
temps pour les Cinq Souscriptions paient les Trois Premières 3 francs de mê
chacune.

La Cinquième Année de Souscription de ces *Annales* paroit : elle est du prix de 27
-pour *Paris*, et de 33 francs *pour les Départemens, franche de Port*, par la Po
Pour les *pays hors de France*, le prix est de 39 francs, pour le port double
12 Cahiers, *franc de Port*, par la Poste.

VOYAGE A LA COCHINCHINE, *par les Iles de Madère, de Ténériffe et du*
Vert, le Brésil et l'Ile de Java ; contenant des Renseignemens nouveaux et auth
tiques sur l'état naturel et civil de ces divers Pays ; accompagné de la *Relation o*
cielle d'un Voyage au Pays des Boushouanas, dans l'intérieur de l'Afrique Austr
par *John Barrow*, Membre de la Société royale de Londres ; traduit de l'Angl
avec des Notes et Additions, par M. *Malte-Brun*. 2 vol. *in-8°*, avec un Atlas *in-4*
18 Planches, gravées en taille-douce, par *Tardieu* l'aîné. Prix, 18 fr. brochés,
papier vélin, 36 fr.

VOYAGES DANS L'INTÉRIEUR DE LA LOUISIANE, *de la Floride Occidenta*
dans les Isles de la Martinique et de Saint-Domingue, pendant les années-18
1803, 1804, 1805 et 1806, contenant de nouvelles Observations sur l'Histoire na
relle, la Géographie, les Mœurs, l'Agriculture, le Commerce et l'Industrie de
Colonies, et aussi sur les Maladies, particulièrement sur la Fièvre jaune et les moy
de la prévenir ; suivis de la *Flore Louisianaise ;* avec une belle Carte nouvelle o
Portrait de l'Auteur, gravés en taille-douce ; par *C. C. Robin*, auteur de plusie
Ouvrages sur la littérature et sur les sciences. Trois forts vol. *in-8°*. Prix, 17 fran
et 21 fr. 50 cent. *franc de port ;* en papier vélin 34 fr.

LES ANTENORS MODERNES, ou *Voyage de Christine et de Casimir en France*
Louis XIV : Esquisse générale et particulière des Mœurs du dix-septième siè
d'après les Mémoires secrets des deux ex-Souverains, continués par *Huet*, évê
d'Avranches. 3 gros vol. *in-8°*, avec de belles Planches, gravées à l'eau-forte, d'a
les Dessins de M. *Lafitte*. Prix, 17 fr. brochés ; en papier vélin, 34 francs.

MANUEL GÉOGRAPHIQUE ET STATISTIQUE DE L'ESPAGNE ET
PORTUGAL, où l'on trouve des Notions exactes sur l'Etendue, le Sol, le Clim
des Productions et la Population de ces Pays ; sur le Caractère et les Mœurs de l
Habitans ; sur le Gouvernement, les Finances, les Forces de Terre et de Mer,
Manufactures, le Commerce, l'Industrie et l'état des Sciences, Arts, etc., etc.
vol. *in-8°* de 535 pages, avec une Carte coloriée de l'Espagne et du Portugal. P
7 fr. broché, et 8 fr. 75 cent. par la poste, *franc de port*.

VOYAGES DANS LES ALPES, précédés d'un Essai sur l'Histoire naturelle
environs de Genève ; par *Horace-Bénédict de Saussure*, Professeur émérite
philosophie, des Académies royales des Sciences de Stockholm et de Lyon, de la
ciété royale de Médecine de Paris, etc., etc. 8 vol. *in-8°*. Prix, brochés, 40 fr. p
Paris, et 51 fr. par la Poste, *port franc*.
Le même, en 4 vol. *in-4°* brochés, 48 fr.

HISTOIRE.

HISTOIRE DE FRANCE, PENDANT LE DIX-HUITIÈME SIÈCLE, par *Charles Lacret*
Professeur d'histoire à l'Académie de Paris, membre de l'Institut de France, c
de la Littérature française ; Censeur impérial, etc. SECONDE ÉDITION. Six
in-8°, imprimés sur beau carré fin d'Auvergne et caractères de Cicéro neuf.
30 fr., *pris à Paris ;* et 37 fr. 50 c. pour les recevoir *francs de port* par la P
En papier vélin le prix est double. (Cet Ouvrage est actuellement complet.)

MÉMOIRES DE FRÉRIQUE-SOPHIE-WILHELMINE, MARGRAVE DE BARE
SŒUR DE FRÉDÉRIC-LE-GRAND, écrits de sa main ; 2 volumes *in-8°*. Trois
dition. Prix, 9 fr. brochés, pris à Paris, et 11 fr. 50 c., *francs de port par la P*

MAISON D'AUTRICHE, depuis Rodolphe de Habsbour

HISTOIRE

DU

PRINCE DE TIMOR.

II.

HISTOIRE

DU

PRINCE DE TIMOR,

CONTENANT

Ce qui lui est arrrivé pendant ses voyages dans les différentes parties du monde, et particulièrement en France, après l'abandon et la trahison de son gouverneur, dans le port de Lorient;

Par M. D. B.

AVEC FIGURES.

TOME SECOND.

A PARIS,

Chez LEROUGE, Libraire, Cour du Commerce, faubourg Saint-Germain, quartier Saint-André-des-Arcs.

1812.

HISTOIRE

DU

PRINCE DE TIMOR.

CHAPITRE V.

LE prince fut obligé de rester quelques.
mois à Bordeaux, pour se remettre de
ses fatigues, et plus encore pour prendre
des informations qui lui tenaient infiniment à cœur. Entièrement occupé du
projet de retourner dans les états du
roi son père, dont il se représentait
la vive douleur, il aurait donné la
moitié des années qui lui restaient à
vivre, pour se retrouver dans ses bras.

L'extraordinaire activité qu'il remar-

quait dans le port de cette ville immense,
la quantité considérable de vaisseaux qui
en repartaient, chaque jour, après y être
arrivés de toutes les parties du monde,
lui donnaient l'espérance de pouvoir s'y
embarquer pour Timor, ou au moins
d'y donner de ses nouvelles et de recevoir de celles de son père. Sans instruire
personne des motifs puissans qui le portent à faire des questions à cet égard,
il interroge tous ceux qui, par leur état
ou leurs relations commerciales avec
les pays lointains, sont plus à même
de satisfaire à ses demandes. La franchise et l'obligeance qui se peignent sur
la figure des Bordelais, éloignent de
lui toute crainte de déplaire et d'être
importun. On lui répond, au moins,
d'une manière honnête et civile, si on
ne peut lui donner des éclaircissemens ;
et il lui est impossible, en voyant tant
de politesse et de formes aimables, même

dans les dernières classes des habitans
qu'il ne se rappelle pas la rudesse avec
laquelle il a été traité à Londres. Elle
ne pouvait que faire contraste avec les
procédés obligeans dont le prince avait
à se louer à Bordeaux, et il n'en échappa
rien à ses observations, et encore moins
à son cœur. Il en devint plus français.

Une population de plus de cent mille
ames, toujours en mouvement, et ap-
portant à tout ce qui l'occupait cette
intelligence, cette vivacité et cette gaîté
qui semblent être plus particulièrement
le partage des habitans des pays méri-
dionaux de la France, lui inspirait un
vif intérêt ; et sur-tout, s'il songeait
que dans les mers les plus éloignées
s'étendait le commerce de cette ville
florissante, qu'elle pouvait peut-être faire
parvenir jusqu'à Canton, et même jusqu'à Macao, si voisin de Timor, les
produits de son industrie, il s'y attachait

davantage ; il lui semblait être intéressé
à ses succès , par la reconnaissance qu'il
imaginait être bientôt dans le cas de lui
devoir.

Mais il ne tarda pas à se voir frustré
dans son attente ; il était impossible
d'obtenir , par la voie de ces négocians,
les informations qu'il désirait. Tous les
moyens de correspondre avec la partie
du monde où habitait ce qu'il avait de
plus cher, se trouvaient paralisés à Bor-
déaux , par le privilége exclusif accordé
à la compagnie des Indes , la seule qui
pût avoir des relations commerciales
avec ces pays lointains, et lui rendre le
service d'y faire parvenir de ses nouvelles.

Aussi, retourner à Lorient supplier
quelque capitaine de cette compagnie puis-
sante de faire tenir une lettre au roi Selim,
fut la première idée du prince. Ce plan lui
paraissait sage et d'une exécution facile ;

mais, quand il vint à le considérer plus mûrement, il y trouva des obstacles. Se chargerait-on de la lettre d'un inconnu? Ne serait-elle pas négligée ou oubliée dans le cas où l'on voudrait bien la prendre pour la faire arriver à Timor? et l'adresse n'attirerait-elle pas la curiosité de toute personne et même l'attention du gouvernement? Si on venait à la décacheter, quelle honte ne résulterait-il pas, pour lui, de la divulgation de son secret?

Ne serait-on pas tenté de croire, quand même on ne regarderait pas sa naissance royale comme une chimère, qu'il s'en était rendu indigne par sa conduite; car, comment présumer qu'un religieux eut pu ourdir la trame abominable dont il se serait plaint au roi son père, ou que celui-ci eut eu assez peu de lumières et de sagesse pour, dans une affaire d'aussi haute importance, établir toute sa confiance en un homme qu'il n'avait pas la certitude d'en être digne ? Ne le croirait-on pas capable d'avoir quitté son gouverneur pour se livrer, loin de son importune surveillance, à de honteux déréglemens, qui auraient consumé l'argent destiné par le roi son père aux frais de son voyage ?

Ces fâcheuses conjectures devant naturellement se présenter à l'esprit à l'ouverture de sa lettre, où il était cependant indispensable qu'il s'expliquât sur le compte du P. Ignace, il en fut effrayé ; car, comment se serait-il tiré d'embarras et eût-il fait triompher la vérité ? personne ne pouvait déposer contre le missionnaire, attester qu'après être arrivé avec lui au port de Lorient, il l'y avait indignement abandonné. Dumond était mort ; le capitaine Lachaise, les matelots du *Duc de Béthune*, ne se trouvaient pas là pour confirmer tous les faits avancés ainsi, par lui, sans preuve. Il plupart de ces braves marins étaient ou morts dans les combats ou dispersés en Angleterre, et le capitaine Lachaise était parti pour les Antilles.

Il se plaignait d'un homme, il l'accusait de la plus horrible trahison; mais cet homme était un prêtre voué aux missions apostoliques, vénérable par son âge autant que par la sainteté de son état; il avait eu la confiance de son père, au point d'être chargé de sa conduite. Et lui, accusateur, qu'était-il pour entrer en lutte avec un tel personnage? Il n'avait pas dix-neuf ans; bel âge pour donner du crédit à cette déposition terrible, faite pour couvrir d'infamie un religieux blanchi dans l'apostolat, et appeler sur sa tête coupable le glaive vengeur des lois.

Effrayé donc des suites qu'elle pouvait avoir, le prince renonça à tenter cette voie hasardeuse; et, d'après la conversation de gens instruits, qui, ne cessant d'exalter la grandeur et la magnificence de la capitale du royaume, parlaient, avec une égale complaisance, de ses relations, soit directes, soit indirectes, avec toutes les parties du monde, il se détermina à s'y rendre. Les administrateurs de la compagnie des Indes y faisaient, lui avait-on dit, leur séjour habituel; et leurs grandes richesses ne leur ayant point endurci le cœur, ils étaient bons, obligeans, toujours portés à rendre service. C'en fut assez pour lui donner l'espoir de parvenir à ce qu'il désirait, sans même avoir besoin de leur confier ses secrets, ou d'être dans le cas de craindre qu'on ne décacheta ses lettres.

Se plaisant à croire que sa fortune ne tarderait pas à changer de face et à en prendre une plus riante, le prince ne voulut point contracter à Bordeaux d'autre reconnaissance que celle due à mille offres de service qu'on lui fit, et dont il était incapable de perdre le souvenir. Trop fier pour ne pas craindre d'avoir recours à des emprunts qui, quoique faits de bonne grace, l'eussent humilié en le mettant dans la dépendance, il s'attacha à éloigner, par une sage économie, l'épuisement de sa bourse.

L'habitude qu'il avait prise dès son enfance de parcourir à pied les états du roi son père, lui fut, pour ses projets, d'un merveilleux secours : il ne craignit point de voyager de cette manière depuis Bordeaux jusqu'à Paris, bien sûr de n'être pas fatigué de la route. En diminuant ainsi sa dépense, il y trouvait un avantage encore plus précieux, celui d'entretenir sa santé. Ne négligeant pas la précaution de se reposer dans les chaleurs, il avançait heureusement dans son voyage, et en était presque à la moitié lorsqu'il se crut privé des moyens de le continuer.

Le cinquième ou sixième jour de son départ, à l'approche de la nuit, le désir d'arriver au gîte avant l'obscurité, lui faisait doubler le pas ; et ennuyé de longer les bords de la Dordogne, il côtoyait depuis quelques minutes un bois assez épais, dont la lisière touchait à l'autre côté du grand chemin, lorsque tout-à-coup quatre hommes masqués, sans lui donner le temps de se reconnaître et de se mettre en défense, tombent sur lui et le saisissent. Tandis que l'un d'eux, en lui présentant un pistolet et le menaçant de lui brûler la cervelle s'il dit un mot, lui applique un masque sur la figure, les trois autres s'emparent de ses mains, les lui lient étroitement avec des cordes, et tous les quatre, en lui faisant, sous peine de la vie, l'injonction de se taire, le conduisent à

une voiture placée à peu de distance
dans l'intérieur du bois. La voiture
s'ouvre, deux personnes qui semblaient
l'y attendre, l'y placent dans le fond,
on lève les stores, on part, et ces deux
hommes à la garde desquels il se trouvait, apparemment pris de vin ou suc-
combant à la fatigue, s'endorment profondément : quant aux autres, ils re-
montent à cheval et escortent la voiture
qui, avec une grande vitesse, traverse le
bois.

Cette marche silencieuse, cette défense de dire la moindre parole, ce
masque qui lui couvrait la figure, le
garrottement de ses mains, et sur-tout
sa bourse qu'on ne lui avait point en-
levée, offraient autant d'énigmes, que
toute la sagacité du prince ne pouvait
expliquer. Ce n'était point des voleurs,
ils l'auraient dépouillé : quel pouvait
donc être le motif de la conduite ex-

traordinaire tenue vis-à-vis de lui par
ces gens masqués ? en voulaient-ils à sa
vie ? mais depuis le temps qu'il était en
leur pouvoir, n'auraient-ils pas pu la
lui arracher mille fois ? les ombres de
la nuit, l'épaisseur de la forêt ne favo-
risaient-ils pas leurs projets sanguinai-
res, s'ils eussent eu l'intention de commettre un meurtre ? Et alors, à quoi
bon cette voiture qui semblait l'attendre, ce masque dont on l'avait affublé,
et ceux qu'ils portaient eux-mêmes ?
Ce ne pouvait être ni des voleurs ni
des assassins.

Serait-ce par ordre du gouvernement
qu'on l'aurait arrêté, pour être conduit
dans quelque prison d'état ? Mais il
était bien sûr de n'avoir tenu aucun
propos qui pût déplaire ; il n'avait pas
à se reprocher le moindre discours
frondeur, la plus légère censure de
l'administration ; comment aurait-il mé-

rité cette disgrace ? c'eût été le comble
de l'ingratitude et bien mal reconnaître
l'hospitalité généreuse d'un peuple aimable, que de parler de quelques abus,
inséparables de tout gouvernement, et
dont celui-ci ne pouvait pas plus que
d'autres être à l'abri.

Le prince héréditaire de Timor se
perdait dans le vague des conjectures ;
il ne pouvait concevoir à quoi aboutirait
cet étrange enlèvement de sa personne,
lorsqu'à un coup de sifflet, ses deux
conducteurs, peut-être depuis long-
temps réveillés, mais qui n'avaient pas
cessé de garder le silence, s'approchèrent
de lui, et lui mirent encore un bandeau,
sur les yeux. Les rayons de la lune
perçaient à travers les jalousies, quoiqu'elles fussent abattues, mais ne ser-
vaient plus l'impatiente curiosité du
prince, qui jusque-là cherchait, malgré
leurs masques, à découvrir les traits des

deux hommes dont il ne connaissait la voix, que par l'ordre impératif qu'ils lui avaient donné de se taire. Dans l'obscurité profonde où l'on venait de le plonger, il lui était impossible de discerner aucun objet. Bientôt la voiture, après avoir passé lentement sur un pont-levi qu'il entendit baisser, pénétra sans bruit dans une première cour où on le fit descendre. Ses conducteurs le forcèrent ensuite à monter une centaine de marches, par un escalier étroit et tortueux, où un d'eux lui donnait la main; et, arrivé à ce qu'il présuma devoir être le donjon du château, on l'y fit entrer, et les portes se refermèrent sur lui.

A peine le prince fut seul, qu'après mille efforts il parvint à briser ses liens et à détacher le masque et le mouchoir dont sa figure était couverte; mais il n'y vit pas plus qu'auparavant, une épaisse obscurité régnait autour de lui.

Quelques gémissemens qu'il croit entendre le font approcher à tâtons du
lieu d'où ils semblent venir. Il rencontre
un mur contre lequel il s'appuie pour
mieux discerner ce bruit sourd qui part
de la pièce voisine. Il ne s'est point
trompé; des soupirs qui paraissent s'ouvrir avec peine un passage à travers
des pleurs, des plaintes étouffées qui ont
l'air d'être comprimées par la crainte,
n'indiquent que trop une personne d'autant plus malheureuse, qu'elle n'ose le
paraître. Plongée dans la douleur, elle
semble prête à y succomber; il lui
échappe tout-à-coup un cri perçant qui,
par tout ce qu'il paraît lui annoncer,
glace le cœur du prince. Un silence
succède; il est, au bout de quelques
minutes, interrompu par le bruit des
portes qui s'ouvrent et se ferment alter-
nativement; mais bientôt, après cette
courte scène d'agitation, tout mouve-

ment cesse, tout rentre dans le calme.

Le prince Balthasar, toujours dans la même posture, prête en vain une oreille attentive: ces accens de douleur n'y arrivent plus, mais ils retentissent encore dans son cœur. On aura mis fin à ses souffrances, se dit-il. Il quitte brusquement le mur dont il s'était approché, il est hors de lui et se promène à grands pas; son imagination terrifiée se peint tout en noir; frappée de sinistres et lugubres pressentimens, elle n'entrevoit dans l'obscurité de son aventure que des horreurs et des crimes.

Que me veut-on? pourquoi, comme cet infortuné, ne m'avoir pas égorgé sur-le-champ? avant que de me mettre à mort, me réservait-on à des tortures, à des supplices? mais ai-je offensé personne? de qui le prince de Timor peut-il avoir à craindre le ressentiment? Je n'ai qu'un ennemi dans le monde,

grands

grands dieux! serait-ce lui-qui, pour
m'en faire disparaître, pour que je ne
pusse jamais révéler son infâme trahison,
aurait enseveli sa victime dans ce téné-
breux cachot? Oui, oui, je suis frappé
de ce trait de lumière, c'est dans ses
mains cruelles que je me trouve encore;
nul doute que son génie infernal n'ait
ourdi contre moi cette nouvelle trame.
« Perfide P. Ignace, qui t'es souillé de
» tant de noirceurs auprès de mon mal-
» heureux père, ne te lasseras-tu ja-
» mais de persécuter son fils ? Monstre
» qué l'enfer a vomi pour ma perte,
» qui t'es acharné à ma destruction ,
» as-tu assez exercé sur moi ta barbarie?
» ce dernier trait y met le comble. Ah!
» si je puis jamais échapper à ta haine,
» sortir de cet affreux donjon où tu me
» retiens, t'avoir en mon pouvoir, quel
» bonheur d'assouvir sur toi ma ven-
» geance ! »

Tome II.

Au milieu de ces exclamations de désespoir, la porte s'ouvre ; et le prince, n'a pas plutôt porté les yeux sur la personne qui s'introduit dans la chambre avec une lanterne sourde à la main, qu'il se jette sur elle, la saisit à la gorge et la lui serre de toutes ses forces en s'écriant : « Enfin, je le tiens, le » perfide, le scélérat, l'implacable au- » teur de tous mes maux ; P. Ignace, » tu vas être puni de tous tes crimes. »

Encore plus terrifié de l'action que des imprécations du prince, le moine chancelle, il tombe, et la lanterne sourde, qui roule loin de lui, arrive au mur, qui en intercepte la clarté. C'est en vain qu'il veut se faire entendre ; la main vigoureuse qui le tient à la gorge lui ôte la respiration ; et, com- primé de toutes parts, son corps a perdu le mouvement. Bientôt il est sans chaleur, il semble inanimé, et la lutte terrible où il avait succombé l'ayant rapproché du mur, qu'on juge de la surprise du prince Balthasar? La faible clarté qui règne dans cette partie du donjon lui permet de distinguer les traits de la figure du dominicain : ce n'était point le P. Ignace.

L'évanouissement du moine lui paraît favorable au projet de fuite qu'il médite. Il se hâte de profiter d'un reste de clarté que répandait encore la bougie de la lanterne, prête à s'éteindre. Avec les mêmes cordes dont on lui avait lié les mains, et dont il s'est si heureusement débarrassé, il attache à l'énorme table, qui est près de lui, le religieux par les pieds; il court à la porte, elle s'ouvre sans peine, et il se met à chercher l'escalier par lequel on l'a fait monter. Mais vainement parcourt-il le corridor où il a passé, il ne retrouve plus le chemin qui y mène. Que va-t-il devenir ? A tout hasard il se détermine à pousser doucement la porte entr'ouverte de la chambre voisine de celle qu'il quitte; il y aperçoit, à son grand étonnement, une faible lueur de lumière. Le malheureux dont il a entendu les gémissemens existe peut-être encore ; réunis, ils travailleront plus efficacement à leur délivrance; ils s'occuperont, de concert, de leur salut, et leurs efforts courageux peuvent les faire sortir de cet horrible château, le séjour du crime, et où il ne doute point qu'il ne dût recevoir la mort: ce moine était sûrement venu pour la lui annoncer et l'y préparer.

A peine, ayant ainsi projeté de fuir avec ce compagnon d'infortune, a-t-il fait, sans bruit, pour ne pas donner l'éveil à leurs persécuteurs, quelques pas dans cette chambre où règne un profond silence, qu'à voix basse on lui adresse ces paroles : Ah ! quel bonheur de vous revoir, mon cher Antonio, après quatre jours d'attente et d'inquiétude ! comment avez-vous pu échapper au ressentiment de mes frères, et arriver jusqu'ici ? Ils vous en veulent à la mort des délais apportés à notre mariage ; il n'y a plus de considération qui doive vous le faire retarder davantage. Mon ami, vous êtes père, je viens de mettre au monde un fils qui est votre image. Songez à l'honneur de sa mère et à son extrême confiance en vous. Ah ! ne la faites pas repentir de vous avoir trop aimé ; désignez-moi, je vous en conjure, le jour où vous me rendrez ma réputation, ma tranquillité, l'amitié de mes parens, et le jour où vous légitimerez ma tendresse pour vous !

Cette interpellation inattendue étant restée sans réponse, les rideaux de l'alcove s'entrouvrent, et la lueur de la lampe de nuit, posée sous la cheminée, faisant distinguer les traits du prince; il part du lit un grand cri. Epouvanté, il recule, il est hors de cette chambre où il s'afflige d'être entré, il en a avec vitesse franchi la porte, il cherche d'un autre côté à fuir; déjà il est au bout du corridor, mais deux hommes qui portent une lanterne sourde l'arrêtent. Quelle imprudence et quelle fâcheuse suite elle pouvait avoir! Don Antonio, lui dit l'un d'eux à l'oreille, en le prenant sous le bras, comment! avoir été, sans aucun ménagement, apprendre à ma sœur, dans l'état où elle est, votre détermination? N'auriez-vous pas pu la lui faire annoncer par le P. Théophile? Nous savions bien qu'un homme d'honneur comme vous finirait par tenir sa parole, par l'épouser; pardon si nous en avons pu douter un moment, mais vos délais... Que faites-vous donc, ce n'est point par

là que vous retrouverez la chambre où
vous avez laissé notre chapelain? Quoique nous marchions à peu près dans
l'ombre, je vois bien que ce n'en est
pas le chemin; prenons par ici, et ne
disons mot. A cette heure, le moindre
bruit pourrait, autant que la lumière,
donner des soupçons à mon père. Je ne
crois pas qu'il dorme encore.

Arrivés silencieusement à la chambre,
on l'ouvre, la lanterne est posée sur la
table, au pieds de laquelle est encore
attaché l'aumônier. Qu'on juge de l'extrême étonnement des deux frères ?
Dieux ! s'écrient-ils, ce n'est point don
Antonio; il nous échappe ce séducteur
perfide, qui a violé toutes les lois de
l'honneur; qui, sous la foi des sermens
les plus sacrés, a abusé de l'innocence
de notre malheureuse sœur. Et qui êtes-
vous, vous qui malheureusement tenez
ici sa place, et dont la ressemblance

avec ce traître est si parfaite ? « Etranger,
» étranger malheureux, j'ai combattu
» vos ennemis ; j'étais, il y a six mois,
» leur prisonnier : voilà mes titres à votre
» bienveillance et à votre estime, répond
» le prince ; ce passeport vous est garant
» de ma véracité ».

Celui des deux frères qui a fait la
question, sort précipitamment ; l'autre,
resté avec le prince, a l'air de le garder
à vue, et le père Théophile, détaché
de la table, jette sur lui des regards
étonnés. Cette scène muette n'est pas
de longue durée ; bientôt, rentré avec
deux autres frères, celui qui était sorti
interroge impérieusement un domestique
qu'il amène. Il veut savoir comment a
pu arriver ce fatal quiproquo, qui met
à la merci d'un inconnu l'honneur et la
réputation d'une maison, sans tache jusqu'alors, et qu'il peut, à son gré, flétrir,
et couvrir de honte, en dévoilant le se-

cret d'une aventure dont elle est dans le cas de rougir. Le valet-de-chambre, que l'on tient ainsi, en quelque sorte, sur la sellette, ne paraît point du tout déconcerté ni embarrassé de répondre. Il a fidèlement suivi l'ordre qui lui a été donné de se tenir dans le bois que don Antonio a l'habitude de traverser la nuit, à pied, pour arriver au château; il n'a point du tout oublié le déguisement sous lequel il s'y introduit; et, comme on en peut juger, il est conforme au costume de l'inconnu pris pour lui, et dont la figure a d'ailleurs, avec celle de don Antonio, une ressemblance faite pour induire en erreur tout le monde.

On lui pardonne sa méprise; mais, que fera-t-on de cet homme si parfaitement instruit d'un secret dont la divulgation ferait le déshonneur de la famille? N'y a-t-il pas à craindre, en supposant même qu'il garde le silence sur cette

honteuse aventure et n'en alimente pas
la médisance publique , qu'il n'aille ,
dans l'espoir d'une forte récompense ,
instruire dón Antonio des embúches
qu'on lui tend, et où l'on espère, plus
heureux une autre fois, parvenir à le
faire tomber. Qui sait aussi si cet inconnu , emporté par un désir de vengeance, ne s'avisera pas de porter plainte
au gouvernement de cet abus de la force?
Sans autorité légale , il a été traité en
criminel , privé de sa liberté ; si il a
recours aux lois, elles doivent sévir avec
rigueur ; cette violence ne manquera pas
d'attirer sur eux le glaive de la justice.

Ces considérations toutes majeures
et d'un grand poids, sont ; en présence
même du prince, mûrement pesées tour-
à-tour ; chacun tient la balance et émet
son opinion sur le parti à prendre. La
position est critique, l'irrésolution extrême. Le domestique, pour rentrer en

grâce, se montre encore plus zélé qu'auparavant pour le service de ses maîtres. Il a à cœur de leur faire tout-à-fait oublier ce qu'il peut y avoir de sa faute dans cette fatale méprise. Déjà il témoigne, par le geste le plus significatif, ce qu'il pense devoir être le plus propre à mettre fin à l'embarras où l'on se trouve. Il ramassé les cordes dont tour-à-tour les mains du prince et les pieds du religieux ont été garottés. Mais l'aîné des frères, qui semble présider ce conseil de famille, où il s'agit de ses plus chers intérêts, de son honneur et de sa réputation, jette un regard foudroyant sur ce serviteur sanguinaire ; il repousse avec horreur et véhémence cette atroce ouverture. Hé quoi ! lui dit-il, imagines-tu que nous soyons des assassins ? Va-t-il à des gens comme nous de commettre un meurtre ? Tous ces portraits, Bertrand, qui tapissent la grande salle du château, sont les portraits de nos aïeux, tous braves gentils-hommes, incapables d'aucune félonie, de rien de lâche et de déloyal. Ils ont porté dignement leur nom, et nous le souillerions! nous renoncerions, en nous écartant de la route qu'ils nous ont tracée, à pouvoir jeter nos regards avec sérénité, avec complaisance, et même avec un certain orgueil qui est bien permis, sur ces images domestiques de l'honneur et de la vertu! Loin de nous cette pensée du crime; il est des moyens plus doux de nous mettre à couvert de l'indiscrétion du ressentiment de cet étranger. Il est dans l'ignorance du lieu où il est, et ne sait qui nous sommes; qu'il consente, comme l'a proposé le P. Théophile, à être reconduit, avec les mêmes précautions, sur le chemin où il a été arrêté, et jure de ne jamais rien révéler à qui que ce soit de ce qu'il a vu ou entendu : à ces conditions il va être libre;

et, en réparation du tort que nous avons pu lui faire, je lui offre ces cinquante louis.

Le prince, à l'argent près, qu'il refuse avec une noble fierté, souscrit à tout. Il lance sur Bertrand un regard où se peint à-la-fois l'horreur et le mépris, salue avec dignité ces quatre frères, et saisit amicalement la main du dominicain, qu'il secoue avec force, en lui disant, non, non, vous n'êtes point le P. Ignace. Il va ensuite reprendre ce masque, ce mouchoir, qu'il ajuste luimême sur sa figure; et, conduit par un seul homme, mais autre que Bertrand, il ne tarde pas à se retrouver au même lieu où il avait été arrêté la veille.

En continuant à voyager à petites journées, mais ne se hasardant plus aussi tard, il ne cesse de réfléchir sur cette étrange rencontre, qui l'a, pendant quelque temps, détourné de sa route.

Il applaudit aux nobles sentimens d'honneur de ces gentils-hommes, décidés, si le perfide Antonio persiste dans ses refus, à laver leur honte dans son sang ; mais sur-tout ils s'accuse d'avoir, dans son aveugle emportement, porté des mains sacrilèges sur ce vénérable religieux, sur ce digne prêtre, qui s'était seulement chargé, à ce qu'il voit, d'un ministère de paix, de venir exhorter au mariage don Antonio. Il ne peut se pardonner de l'avoir pris violemment à la gorge, de l'avoir, dans sa frénésie, barbarement foulé aux pieds ; et, il en est d'autant plus accablé de remords, que ce saint personnage, loin de lui en témoigner le moindre ressentiment, s'est empressé de donner le conseil qu'on a suivi. Il va même jusqu'à se reprocher de ne lui avoir pas exprimé assez son repentir de cette action, dont il ne s'est rendu coupable qu'en le prenant pour

le Père Ignace, qu'il a tant de sujets de
haïr.

Plongé dans ces réflexions et beaucoup d'autres, que devait naturellement présenter à son esprit la position
perplexe où il se trouvait, le prince
héréditaire de Timor, arrive, après une
douzaine de jours de marche, à Paris,
et se loge à l'hôtel du Parc - Royal,
rue du Colombier, faubourg Saint-
Germain, dont on lui avait donné l'a-
dresse à Bordeaux.

CHAPITRE VI.

PEUT-ÊTRE le prince Balthasar eût-il mieux fait, s'il eût pu calculer que l'argent contenu dans sa bourse serait à Paris bientôt dépensé, de ne pas se loger aussi magnifiquement; mais il était dans l'ignorance des prix de la capitale, et il comptait n'y pas rester long-temps. Sa vive imagination lui faisait toujours croire qu'il touchait au moment de voir se réaliser ce qu'il désirait : elle lui faisait enfanter de ces châteaux habités volontiers par les malheureux, et dont ils sont eux-mêmes les architectes; de ces châteaux en Espagne, édifices frêles et légers, s'écroulant facilement, et bientôt remplacés par d'autres qui ne sont pas plus solides. Continuellement occupé du projet chéri de revoir son père et le pays

où

où il a pris naissance, toutes les pensées du prince, tous les vœux de son cœur tendent vers ce but ; c'est celui de son voyage et de son séjour dans cette capitale immense ; elle rassemble des gens de toutes les nations ; il y cherche, avec l'espoir de les y trouver, espoir qui n'est sûrement pas dénué de vraisemblance de succès, les informations qu'il désire.

Se lier avec des étrangers ; tâcher, mais sans s'en faire connaître, de leur inspirer de la bienveillance ; en obtenir des renseignemens sur les pays qu'ils ont parcourus, et tirer de leurs relations tout ce qui peut le mettre sur la voie des événemens passés à Timor depuis son départ, est son occupation de chaque jour ; mais, malgré cette fréquentation habituelle de voyageurs, qui se sont cependant le plus approchés des états de

Tome II.   3

son père, il ne peut parvenir à s'en pro-
curer de nouvelles certaines. Le découragement ne le gagne point, mais il commence à croire que son séjour à Paris
pourrait être plus long qu'il ne pensait
d'abord : et la crainte ou d'implorer l'as-
sistance gratuite, ce qui eût humilié son
amour-propre, ou de recourir à des emprunts faits pour blesser sa délicatesse,
puisqu'ils ne pouvaient être assis et hypo-
téqués sur rien, le détermine à quitter
l'hôtel du Parc-Royal, et à se loger,
moins chèrement, à l'image S. Jacques,
rue S. Jacques.

Bientôt, mécontent de son peu de succès, il se reproche de s'être écarté du
plan qu'il s'est tracé d'abord. Si, au lieu
de perdre son temps et ses peines, en
toutes ces vaines recherches, il ne se fût
pas borné à en faire seulement auprès
de ces voyageurs, peut-être eussent-elles

été plus heureuses? Pourquoi ne s'était-
il pas adressé, comme c'était son premier projet, aux directeurs de la compagnie des Indes, si à même de lui
donner des éclaircissemens? Il convenait,
dans une circonstance aussi décisive pour
son bonheur, de tenter toutes les voies,
et sur-tout les plus directes et les plus
sûres, comme était celle que, si mal à
propos, il avait négligé d'employer.

Le prince Balthasar, après s'être, à
cet égard, avoué ses torts, s'empresse
de les réparer. De son troisième étage,
car, par principe d'économie et de délicatesse, il avait quitté le second, il
calcule quels peuvent être les résultats
de ses différentes démarches, les incon-
véniens à craindre, les chances heureuses à espérer. Se présenter sans appui,
sans recommandation à ces directeurs,
dont rien n'égale le luxe et l'opulence, il
ne l'osera jamais. On lui a récemment

dit que, favoris de la fortune, ils sont peu disposés en faveur de ceux qu'elle maltraite. C'est un service bien léger que celui qu'il réclame; mais, peut-être, ne le lui accorderaient-ils pas, et comme il serait affreux d'essuyer un refus! ce serait le premier de sa vie. Il n'était pas né pour faire des demandes. Le malheur a fini par lui ôter toute confiance; il ne croit plus à aucun succès. Cependant, il combine avec le sang-froid dont il est susceptible, les meilleurs moyens d'arriver jusqu'à eux. Il cultive, avec plus de soin celles de ses connaissances qu'il espère pouvoir, à cet égard, lui être utiles; mais ses démarches n'aboutissent qu'à lui enlever tout espoir. S'obstiner à vouloir leur parler, serait une folie. Ils sont trop prodigieusement occupés pour être d'aussi facile accès. La faveur de les approcher ne s'accorde qu'aux protégés des gens de la cour et de grands seigneurs dont ils ont besoin; les autres, sont éconduits. Mais peut-être, s'il sollicite d'être admis dans quelques-uns de leurs bureaux, il est possible, s'il est bien recommandé, qu'il parvienne à être écouté de l'un des principaux commis.

Il paraît bien dur au prince Balthasar d'en être réduit à cette ressource. Lui, fils de souverain, fait pour régner un jour, briguer une telle grâce ! Quelle humiliation ! Mais, il brûle de revoir le roi son père, de se retrouver dans son pays : il fait solliciter l'audience, et il regarde, comme une faveur de l'obtenir.

Peut-être, se dit-il en se mettant en marche, pour s'y rendre, m'a-t-on exagéré la difficulté du succès. La compagnie, extrêmement jalouse de ses priviléges, est ombrageuse, et continuellement en crainte qu'on n'entreprenne quelque commerce en fraude du sien.

Mais, peut-elle me soupçonner de vouloir, au mépris de ses traités, empiéter sur ses droits ? Ce ne sont point des vaisseaux que je vais la prier de me permettre d'expédier pour les Indes, c'est une simple lettre, dont je sollicite l'envoi ; et pourrait-elle lui paraître suspecte ? N'ai-je pas travaillé efficacement à éloigner toute méfiance, en la mettant sous l'enveloppe d'un des officiers de la cour de Timor. N'étant point adressé à un négociant, elle ne peut porter le moindre ombrage. Ce n'est point une correspondance relative au commerce que la compagnie peut avoir à craindre de favoriser.

Le prince Balthasar récapitule plus d'une fois, chemin faisant, tous ces motifs de confiance. On dirait, que pour s'enhardir, il se plaît à les passer en revue. Après s'être bien dit souvent qu'il y avait tout à espérer, il arrive, et au bout d'une demi-heure d'attente, il est, à son tour, admis à l'audience. Chose étrange, lui qui est si brave, qui, tant de fois, a combattu en héros contre les Anglais, il ne peut soutenir la vue de ce commis, son regard le déconcerte, il se met à trembler de toutes ses forces. Si son air hautain et dédaigneux lui fait, en l'abordant, balbutier sa demande, la manière fière et pompeuse dont il y répond achève de le troubler. Il ne s'attendait pas à le trouver si brusque, si infatué de l'importance du rôle qu'il joue dans le monde ; et, lorsqu'il lui demande, avec une hauteur insultante, comment il se fait qu'un homme de sa sorte ait à écrire à Timor, et y écrire à un grand seigneur, plus interdit encore, tout stupéfait de cette interpellation imprévue, il ne sait que répondre.

L'amour-propre du commis lui fait interpréter cet étonnement et cet embarras, en sa faveur. C'est, pense-t-il, autant l'éminence de sa place, que la dignité avec laquelle il la remplit, qui pénètre de respect le jeune homme, et occasionne son trouble. Il lui sourit, et promet de se charger de la lettre; mais, avant tout, il veut absolument être au fait de sa teneur, dont on ne peut avoir aucune raison de lui faire mystère. L'opposition du prince l'étonne et le choque; il le toise avec dédain, de la tête aux pieds : « Est-ce que vous prendriez, lui » dit-il, mon bureau, pour un bureau » de poste? » Il l'éconduit d'un signe de tête méprisant, accompagné d'une geste expressif de la main, qui lui indique par où il est entré et peut sortir; et, avec la même dignité majestueuse, il continue à donner audience et à expédier son monde.

La foule qui l'assiège a déjà écarté le prince Balthasar, obligé de faire place

à

à d'autres et qui pis est, de dévorer l'humiliation qu'il essuie; car, à qui s'en plaindre, et quel espoir aurait-il d'être écouté? L'héritier présomptif du royaume de Timor est, par le flux et reflux de gens qui se pressent autour du commis, ramené au milieu de l'antichambre. Là, il entend chacun se moquer de la morgue et des ridicules prétentions de cet être si ridiculement boursoufflé, et à qui il faut bien qu'il pardonne. D'ailleurs s'il a, vis-à-vis de lui, poussé l'insolence au-delà de ce qui lui est peut-être ordinaire, ne doit-il pas, en partie, l'attribuer à son habit, s'en prendre à sa vétusté? le commis avait plus l'air d'y faire attention, qu'à ses paroles.

Mais de bien plus grands intérêts que ceux de son amour-propre blessé l'occupent, et lui font bientôt oublier cette conduite arrogante, digne de son mépris. Ce ne sont point toutes ces formes grossières du personnage à qui il vient de parler, sur lesquelles il fixe si douloureusement sa pensée; c'est le refus de faire parvenir sa lettre qui l'afflige et le met au désespoir. Il s'était flatté de réussir, par cette voie, à correspondre avec son père. Comment l'instruira-t-il de sa cruelle position ? Il ne lui reste que ce vieux habit qu'il porte, et quelques louis qui ne peuvent durer long-temps. Certainement, quoique logé, depuis la veille, au quatrième étage, une aussi faible ressource sera bientôt épuisée. Si, par ce commis, il avait au moins pu être adressé à quelques facteurs de la compagnie des Indes, il aurait été possible que dans le nombre l'un d'eux l'eût vu avec le P. Ignace dans son premier voyage à Macao; alors, grâce à ce témoignage, et ne pouvant plus courir les risques de passer pour aventurier, quel heureux changement dans sa fortune ! Elle prenait bien vite une face riante, et il n'aurait plus rougi d'accepter, à titre d'avance, l'argent dont il était sur le point d'avoir besoin, même pour satisfaire aux premières, aux plus indispensables nécessités de la vie.

L'infortuné prince de Timor tourmenté par tout ce que sa position a de déplorable, l'est bien davantage lorsqu'il récapitule tous les malheurs de sa vie. Il ne peut rester en place, il a besoin d'air et de mouvement ; d'abord ce sont les rues voisines de celle où demeure le commis qu'il arpente à grands pas avec une vitesse qui approche de la course ; puis ce sont celles qui, les premières, se présentent à lui et où, ralentissant sa marche, il va porter le poids de sa douleur ; peu lui importe dans son affliction, le chemin qu'il prend ; pensif et distrait, il ne sait ni où il va ni où il veut aller ; il heurte les passans, ils s'en

4 *

laisse heurter ; on croirait en voyant cet extraordinaire abandon de lui-même, que la partie matérielle de son être ne l'intéresse plus, ou est devenue insensible, ou bien qu'il est tout entier à Timor.

- Mais voilà déjà plusieurs heures passées dans cette agitation extrême où il n'a pas pris un seul moment de repos; la nuit se couvre de ses voiles les plus sombres; l'horloge de la Samaritaine qu'il entend le tire de sa revêrie profonde; non il n'est pas possible, s'écrie-t-il, qu'il soit si tard; le temps, dans la douleur, a des ailes de plomb; son vol ne peut pas avoir été de cette rapidité; il veut s'en éclaircir, il approche du reverbère, mais sa montre comme sa bourse ont disparues; des filoux ont profité de son désordre pour s'en saisir.

: Le prince Balthasar ne se possède plus, il est hors de lui. Levant les yeux

au ciel ; il rétrograde , il revient sur le
Pont-Neuf où il a déjà passé, il s'y porte
avec une extrême précipitation, quoique
tout en sueur, hors d'haleine et harrassé
d'une marche pénible. Au milieu du
pont il jette , sur l'un et l'autre côté,
des regards qui inspirent l'effroi ; il
monte sur le trottoir qui est à gauche,
il s'approche du parapet. Dieux ! que
va-t-il faire ? aurait-il quelque dessein
sinistre ? las de souffrir, réduit à la position la plus cruelle où homme se soit
jamais trouvé, voudrait-il mettre un
terme à ses malheurs ? irait-il se préci-
piter dans la Seine ?.. non.

« O toi qui fus l'idole des Français !
» s'écrie t-il en se prosternant aux pieds
» de la statue équestre de Henri IV,
» grand roi ! dont ils ne parlent qu'avec
» attendrissement, dont leurs cœurs se
» sont plu à fixer ici la ressemblance !
» que cette enceinte sacrée, où elle est

» l'objet de leur culte, me serve d'asile
» contre la méchanceté des hommes !
» Tu connus l'infortune, je viens à toi
» dans mon malheur, prends moi sous
» ta sauve-garde, protége le malheu-
» reux prince de Timor, l'être le plus
» misérable qu'il soit au monde ». Accablé de fatigue, et plus encore du
poids de ses maux, le prince Balthasar, l'héritier présomptif d'un grand
empire, qui devait un jour monter sur
le trône, qui aurait dû, s'il n'eût pas
été le jouet de la fortune, habiter à
Timor le palais de son père, s'endort
aux pieds de la statue du meilleur de
nos rois.

Mille êtres fantastiques viennent,
dans son sommeil agité, porter tour-à-
tour la joie et le trouble dans son imagination ; ses sens sont abusés par un
vain prestige ; une illusion succède à
l'autre : tantôt c'est le roi Sélim qu'il

a le bonheur de revoir, qu'il embrasse dans ses rêves ; tantôt c'est la figure même de la statue inanimée aux pieds de laquelle il a cherché refuge, qui s'anime, s'approche de lui, et par des paroles consolantes justifie l'expression pleine de bonté qui caractérise tous ses traits; elle l'encourage, lui sourit, l'assure que ses revers auront un terme, que, dans la sensibilité des Français, il trouvera des moyens de les supporter et même ceux de les vaincre. Comme alors il s'applaudit de cette inspiration soudaine, qui, d'après tout ce qu'il a entendu dire, lui a fait invoquer ce héros sensible, et chercher un refuge aux pieds de sa statue !

Mais un songe terrible ne lui laisse pas goûter long-temps la douceur de cette espèce de vision ; le P. Ignace lui apparaît, à son tour, avec ce même habit dominicain qu'il déshonore et qui lui avait

attiré tant de respect et de confiance.
Ah! c'est bien lui, ce n'est point pour le
coup une illusion, ce n'est point le P.
Théophile; il le reconnaît à cet air d'hy-
pocrisie qui perce à travers ses regards, à
ses yeux baissés, au sourire perfide qui
est sur ses lèvres, à ses mains jointes; elles
sont teintes de sang. Dieux! quel sang
a-t-il versé? Il s'approche, voudrait-il
répandre le sien? Le voilà prêt à le saisir; que deviendra-t-il? Il veut fuir; il
n'en a pas la force; et le cri perçant qu'il
pousse dans son désespoir, en mettant fin
à ce rêve affreux, dont toute l'horreur
se peint dans ses regards, attire le
guet.

« Que faites-vous à cette heure, cou-
» ché auprès de cette grille, lui dit le ca-
» poral? et tandis que mes camarades et
» moi faisons des patrouilles et veillons
» pour vous assurer le repos, pourquoi,
» comme tout le monde, ne pas le goû-

» ter tranquillement chez vous, et venir
» par vos cris troubler celui qui règne
» ici ? ».

L'air égaré qu'après ce sommeil pénible avait conservé le prince qui ne répondait point, le fait conduire au corps-
de-garde, où, sans parler comme sans
dormir, se livrant à tout ce que ses mal-
heureuses circonstances lui offrent en tristes et affligeantes réflexions, il achève de
passer la nuit; et dès qu'il est grand jour,
n'y ayant aucune autre charge contre l'infortuné, qui a été légèrement arrêté comme perturbateur du repos public, il lui est
permis de sortir : mais le prince est si ab-
sorbé dans ses sombres et mélancoliques
pensées, qu'on est obligé de lui répéter
plusieurs fois qu'il est le maître de se retirer où bon lui semble avant qu'il songe
à faire usage de cette liberté.

Il quitte enfin ces soldats, et s'ache-
mine tristement à sa demeure ; l'hô-

tesse le rencontrant sur l'escalier lorsqu'il
monte à son quatrième étage, ne peut
s'empêcher de remarquer combien il est
pâle. Elle est frappée de l'altération sensible de ses traits, et effrayée de quelque
chose de sombre et d'égaré qui se peint
sur toute sa physionomie, et encore plus
particulièrement dans ses regards. Cette
femme était bonne et sensible. La conduite régulière du prince, son exactitude
à payer sa dépense lui avaient inspiré
pour lui de l'estime et de l'affection; aussi
à l'heure du dîner, voyant qu'il ne des-
cendait pas, elle en fut inquiète et monta
chez lui.

Le malheureux prince de Timor, accablé de l'idée de se trouver encore dans
l'affreuse position où l'avait mis la trahison
du P. Ignace, et du peu d'apparence qu'il
se rencontrât jamais un autre Dumond
pour le consoler, avait achevé, en se livrant
à son désespoir et en se promenant con-

tinuellement et avec action dans sa chambre, d'épuiser tout-à-fait ses forces mo-
rales et physiques. Il était tombé de lassi-
tude et en proie à une fièvre violente.
Dans son délire, il tient les discours les
plus étranges, qui, tous ayant rapport à
sa cruelle position, et étant inintelligi-
bles pour tout le monde, paraissent être
d'un insensé ayant totalement perdu la
raison.

L'hôtesse alarmée lui offre en vain,
dans quelques momens lucides, car
ses accès ont encore entre eux de courts
intervalles, tous les secours dont il
peut avoir besoin. Il s'oppose à ce qu'elle
réalise ses offres. L'infortuné n'a pas
d'argent, comment payera-t-il la moindre
dépense ? et, puis dégoûté de la vie, las
d'être si cruellement en butte à toutes les
rigueurs du sort, il tient au monde par de
si faibles espérances, qu'il s'estime heureux d'en sortir. Attirée par les gémisse-

mens, les cris plaintifs qui lui échappent lorsque la fièvre travaille ainsi son cerveau , une voisine charitable vient se joindre à l'hôtesse pour soigner le malade. Mais indocile à tout ce que peut lui prescrire leur zèle, il n'observe aucune de leurs ordonnances, refuse toutes les potions, tous les médicamens : le malheureux veut mourir.

Que ferons-nous donc de ce pauvre jeune homme, disait l'hôtesse à sa voisine? avec une aussi excellente constitution, mourir si jeune, et mourir par sa faute! Vous voyez que depuis huit jours il ne veut rien prendre. N'est-il pas vrai, sœur Ursule, vous qui êtes si habile et avez l'habitude des malades, que vous le guéririez bien vite s'il voulait vous laisser faire? Mon Dieu! comme ces hommes sont difficiles à gouverner, sur-tout quand ils sont malades! celui-ci me rappelle mon pauvre défunt; vous ressouvenez-vous, sœur Ursule, de toute la peine que vous aviez à lui faire avaler les ordonnances de M. Chevalier ?

Sœur Ursule, qui était une de ces religieuses non cloîtrées, consacrées à porter secours aux malades, à prendre soin de l'humanité souffrante, avait une ame trop sensible pour n'être pas touchée de l'état où elle voyait le malheureux prince, et sa pitié ne fut pas de ces pitiés stériles qui se bornent à quelques pleurs, à de vaines démonstrations d'intérêt; elle courut chez le digne et respectable M. Chevalier, dont la bienfaisance égalait l'habileté, et auxquels étaient redevables, non-seulement de la vie, mais de leur subsistance nombre de malheureux qui, sans lui, eussent cessé de vivre. Cet homme de bien, qui, à quelque heure de la nuit où on l'appelât, se levait toujours pour les pauvres, parce que, disait-il, ils n'avaient pas comme les riches de quoi

envoyer chercher un autre médecin, n'at-
tendit pas que la sœur Ursule lui fît de
grandes instances pour se rendre auprès
du jeune homme; il y vola au premier
mot.

A son arrivée, le malade était dans un
délire complet; tout à ce quatrième étage
annonçait la misère: mais M. Chevalier
avait tellement l'habitude de bonnes œuvres, qu'ayant en ce moment une chambre vacante, il y fit transporter le malade.
M. Chevalier qui, par ses lumières et
son humanité, faisait honneur à sa pro-
fession, pensait, en destinant cette chambre à servir d'asile à un malade dans le
dénuement et l'abandon, faire une chose
utile pour l'exercice de son art, et attirer
sur lui les bénédictions du ciel. Il était
à-la-fois médecin du roi et du corps de
S. A. l'électrice de Bavière; l'indigent ne
réclamait jamais en vain ses secours. C'é-
tait un de ces êtres rares dont la sensibi-

lité et la bienfaisance réunies forment le caractère, et que la providence semble, dans sa bonté, de temps en temps, placer ici-bas pour y être l'appui du pauvre et l'ange-gardien du malheureux.

Avec une telle trempe d'ame, on peut juger avec quel zèle il donna ses soins à ce nouveau malade qui, grâce encore à son humanité, était devenu aussi son locataire. Il apprit de l'hôtesse qu'il était étranger, sans parens, sans amis et dénué de tout; que de motifs pour ajouter à son intérêt ! Le docteur Chevalier se regarda dès-lors comme le seul intermédiaire qu'il y eût entre lui et le ciel, comme le canal par lequel devaient, à cet infortuné, arriver ses secours. Il n'avait pas un compatriote pour le plaindre, pas un parent à qui il pût s'adresser dans sa détresse, pas un ami dans le sein duquel il pût verser des pleurs, et qui pût peut-être les essuyer;

il était dans le délire d'une fièvre brûlante,
privé de sa raison, prêt à rendre le dernier soupir; quel plus digne objet de pitié
et de considération! Il rendit grâce à la
providence de l'avoir préféré à tout autre,
pour lui confier cet être isolé des hommes
et de leurs consolations, ce malheureux
si entouré de toutes les misères humaines,
à qui la vie ne pouvait être qu'amère, et
la fin de son existence désirable.

Ah! s'il avait su, cet ami du malheur,
que l'infortuné, environné des ombres
de la mort et prêt à expirer sous ses yeux,
était le fils d'un souverain puissant; que
c'était une nouvelle victime de la méchanceté des hommes, impitoyablement im-
molée au vil intérêt, à la cupidité; que la
perfidie et la trahison, sous le masque de
l'amitié, avaient sans relâche conspiré et
opéré sa perte; son cœur sensible, gémis-
sant plus douloureusement encore sur la
perversité

perversité humaine, se fût réjoui bien
davantage que le choix de la providence
eût ainsi tombé sur lui!

Pendant long-temps, l'aliénation d'esprit du prince fut à peu près la même; ce
ne fut que le 19e. jour de sa maladie qu'il
reprit ses sens, et que la raison lui revint.
Le premier objet qui frappa sa vue, singulièrement affaiblie comme tout son être,
fut la figure fraîche, quoiqu'elle ne fût
plus jeune, de la religieuse assise auprès
du chevet de son lit. Ne la remettant pas
d'abord, il la fixa d'un air étonné. Sœur
Ursule avait une trop grande habitude
des malades pour ne pas s'apercevoir sur-
le-champ, à son regard, du retour de sa
raison qu'on n'espérait plus; et de sa voix
douce, qui la fit bientôt reconnaître, elle
lui recommanda de garder un profond
silence, en l'asurant qu'il était hors d'affaire, et ajouta, pour plus sûrement l'empêcher de parler, qu'elle ne répondait pas

de sa vie, s'il enfreignait aucun des ordres dont on l'avait chargée.

Le prince, au défaut de paroles, la remercie des yeux, et les jette ensuite avec surprise sur tout ce qui l'entoure. Il n'est plus dans sa chambre ; ce lit où il couchait, bien certainement il ne l'y avait pas occupé ; et puis ces meubles qu'il voyait, quoique peu magnifiques, valaient mieux que ceux de son appartement. Comment était-il venu dans ce lieu-ci ? Il se rappelait parfaitement, car les afflictions, lorsqu'elles sont de certain genre, se gravent profondément dans la mémoire, qu'on lui avait volé tout ce qu'il possédait ; quoiqu'il ne dût pas grand'chose à son hôtesse, comment se faisait-il qu'il eût pu s'acquitter, et prendre un logement meilleur ?

Comme il se perdait dans ses conjectures, il aperçoit, en parcourant des yeux l'appartement, un portrait d'hom-

me, qui, placé en face de la cheminée,
se répète dans la glace qui est au-dessus.
Cette figure lui paraît avoir une cinquan-
taine d'années; les traits n'en sont pas
fort réguliers, mais leur ensemble a je ne
sais quoi qui plaît, et qu'en examinant
avec plus d'attention on serait tenté d'attribuer à l'expression de bonté qui y règne.
Une large perruque, aussi touffue que
bien poudrée, et terminée sur le derrière
en trois marteaux, domine sur cette tête
qui semble parlante. Un habit, veste et
culotte de velours noir, des bas de la
même couleur, une canne d'un jet élevé,
à pomme d'or en bec de corbin, qui soutient une des mains presque couverte
d'une large manchette de dentelle, et à
un des doigts, de laquelle est une très-
belle bague, ces accessoires enfin, atti-
rent sur le portrait, pendant quelques
minutes, les regards du prince; mais ils
se reportent bien vite sur la figure; il ne

peut les en détacher ; il les y fixe avec une complaisance qui plaît à la sœur Ursule.

C'est le portrait de M. Chevalier, le bon docteur chez qui vous êtes et à qui vous devez la vie, lui dit-elle. Malgré l'extrême défense de prononcer la moindre parole, il échappe non-seulement au prince Balthasar un signe de joie, mais il ne peut s'empêcher de l'exprimer. Ah! tant mieux, s'écrie-t-il. C'était depuis trois semaines les premiers mots qu'il prononçait; et la sœur Ursule, toujours inquiète pour sa santé, lui fait de nouveau garder le silence.

Presque aussitôt le docteur arrive. La religieuse court au-devant toute joyeuse, elle lui rend compte de l'état du malade; elle se plaît à lui raconter l'impression qu'a faite sur lui son portrait, et l'exclamation dont il n'a pas été le maître. M. Chevalier s'approche du lit en souriant, il tâte le pouls du prince. Celui-ci,

encore par son ordre condamné à se taire,
lui serre la main autant que ses forces
peuvent le lui permettre; la main du
docteur répond à la sienne; et ces deux
cœurs faits l'un pour l'autre sont déjà
d'intelligence; sans le secours d'aucune
parole, ils se sont entendus, ils se sont
dit tout ce qu'ils pouvaient se dire.

Le lendemain de cette scène muette,
où ils s'étaient cependant si bien fait
connaître leurs sentimens l'un à l'autre,
le prince Balthasar a enfin la permission
de parler. Il profite de la première absence de la sœur Ursule; il saisit la main
de M. Chevalier assis auprès de lui :

« Ange du ciel, lui dit-il, vous qui
» êtes venu à mon secours et m'avez
» sauvé la vie, croyez que le prince Bal-
» thasar n'oubliera jamais vos bienfaits!
» Le roi de Timor partagera, soyez-en
» bien sûr, la reconnaissance de son in-
» fortuné fils, qui ne veut pas plus long-

» temps vous faire un secret de sa nais-
» sance ».

Le docteur le fixe d'un air étonné, et
comme le malade s'était mis sur son séant,
il lui fait reprendre sa première posture,
tire les rideaux, et l'engage à dormir quelques heures. « Mon ami, ne parlons point
» de votre principauté, ajouta-t-il, je m'in-
» téresse à vous tout autant que si vous
» étiez un duc et pair, et l'altesse la plus
» sérénissime ; occupons-nous seulement
» de votre santé ; et à moins que vous ne
» vouliez m'affliger, vous ne m'entretien-
» drez du royaume de votre père, que
» dans deux ou trois mois ». M. Chevalier
prend sa canne, place son chapeau sous
le bras, et sort en appelant la sœur Ursule à qui il donne en passant quelques
ordres.

Celle-ci revient se remettre au chevet
du malade qui lui adresse la parole, et
elle l'interrompt en le priant de vouloir

bien se conformer à l'ordonnance du docteur. Il lui est prescrit un grand calme
et un silence absolu pendant trois jours.
M. Chevalier voulait, par cette sage précaution, rétablir en son bon sens ce malheureux jeune homme qui l'intéressait, et
dont la tête ne lui paraissait pas dans son
état naturel; cette royauté mise en avant,
ce titre de prince qu'il se donnait, lui faisait croire que sa raison n'était pas tout-
à-fait revenue.

Le prince Balthasar cependant ne peut
goûter le repos; en vain on lui a inter-
cepté la lumière du jour, et un silence
profond règne autour de lui. La réponse
du docteur l'occupe et l'empêche de se
livrer au sommeil. « Sans doute, se dit-il,
» il imagine que j'extravague; il ne peut
» se persuader que le fils d'un monarque
» puissant soit dans cette demeure mo-
» deste, destinée par sa bienfaisance, à
» ce que m'a dit la sœur Ursule, à l'usage

» du malheureux et de l'indigent. L'idée
» de la pourpre des rois ne peut se con-
» cilier dans son esprit avec ce lit de bure
» où il m'a trouvé. Mais a-t-il tort, et
» l'invraisemblance de malheurs tels que
» les miens ne doit-elle pas éloigner
» toute croyance? Très-excusable de ne
» pas ajouter foi à ce que je lui ai révélé
» de ma naissance, il ne m'en accorde
» pas moins de soins, puis-je me plain-
» dre? De deux mois il ne veut pas que
» nous conversions sur ce sujet; eh bien!
» soit, j'attendrai à lui en parler que
» nous soyons arrivés à cette époque. Son
» ame noble et généreuse, il me l'a fait
» entendre, n'a pas besoin, pour venir à
» mon aide, d'autre motif que celui de
» mon malheur; il n'y a donc pas d'in-
» convénient à ce que je ne l'entretienne
» pas davantage, pour le moment, de
» ce sceptre que tient mon père, avec le-
» quel il commande à tant de sujets, et
qui

» qui n'empêche pas son malheureux fils
» de se trouver dans une position où sû-
» rement n'a jamais été avant lui aucun
» enfant de souverain : d'ici à deux mois,
» mes discours et mes actions sauront
» bien lui persuader que je n'ai pas perdu
» l'usage de cette raison faite, hélas! pour
» aggraver le poids de mes infortunes,
» puisqu'elle me permet de les sentir ».

Plus le prince héréditaire de Timor
calcule les heureux résultats d'un tel dé-
lai, plus il s'affermit dans sa résolution.
Malade docile, il obéit donc; il se soumet
à cette injonction de garder le silence,
que tous les sentimens dont il est pénétré
lui font paraître bien rigoureuse : il les
renferme dans son cœur; et lorsque la
sœur Ursule lui présente ces restaurans,
ces cordiaux faits pour aider la nature
et redonner du ton à son estomac, et sur-
tout aux fibres de son cerveau, il les prend
de ses mains, se contente de la remer-

cier des yeux, et d'adresser de la même
manière son hommage de reconnaissance
au portrait de l'homme bienfaisant qui
les lui ordonne.

Il vit peu le docteur pendant ces
trois jours, car obligé de partager ses
soins entre un grand nombre de malades,
il n'en négligeait aucun ; riche et pauvre,
chacun avait régulièrement son tour, à
moins de cas extraordinaire ; son cœur
était à tous ; il ne faisait point de passe-
droit : mais avant de commencer sa tournée, il visitait d'abord le malade logé
chez lui ; confié par la providence à son
cœur, il lui semblait juste de lui accorder quelque préférence : cette œuvre de
bienfaisance était pour lui la première,
les autres ne venaient qu'après. Le soir, au
sortir de la maison spacieuse, contiguë à
la sienne, et où, pour être plus à portée
de ses secours, se réunissaient un grand
nombre de malades, ou des provinces

ou des quartiers éloignés, il ne manquait pas de prendre par lui-même connais-sance de l'état de l'intéressant Balthasar; le reste du temps, sœur Ursule, dont l'ame douce et compatissante avait tant d'analogie avec la sienne, le suppléait.

Le terme des trois jours expiré, le jeune prince, avec la permission du docteur, reprend l'usage de la parole: et celui-ci est charmé de la vive reconnais-sance qu'il lui témoigne, et plus encore de sa raison; elle lui paraît tout-à-fait revenue; d'ailleurs son pouls est meil-leur, il reprend des forces, et M. Che-valier ne doute plus de sa guérison.

Il ne l'interroge sur rien, crainte qu'une question qui se trouverait, quoique indi-rectement, avoir quelque rapport avec l'objet sur lequel il avait extravagué, ne lui troublât de nouveau le cerveau, et ne le fît revenir à cette histoire fabuleuse de sa naissance, le seul point sur lequel il

6*.

ne se montrait pas raisonnable; et le
prince, de son côté, se garde bien de ra-
mener la conversation sur cet article, où
le docteur s'est montré si incrédule, et
dont il l'a prié de ne l'entretenir que
dans deux mois : il avait pris la sage résolution de le préparer à une seconde
conversation de ce genre, par une conduite qui, effaçant entièrement de son esprit toute idée de l'aliénation du sien, lui
inspira plus de confiance dans ce qu'il
pouvait lui assurer à cet égard.

Déjà le prince se lève; il reprend des
forces, et au bout de quelques jours, se
promène appuyé sur le bras de la sœur
Ursule, dans le vaste jardin de la maison : elle le conduit, avec la permission
du docteur, tout à l'extrémité de l'enclos,
et il va se reposer dans le spacieux héxa-
gone de pierres rougeatres qui le termine:
il est dans ce que M. Chevalier appelle
le salon de ses convalescens. Au fond est

une large et belle bibliothèque de bois
d'acajou, remplie d'excellens livres destinés à leur usage : l'air y est embaumé
des doux parfums de mille fleurs, qui
sont encore sur leurs tiges, dans des vases
de porcelaine blanche, placés en gradins
autour de la salle, et séparés par des
bustes de marbre de la même couleur :
ce sont ceux de quelques amis des hommes, de plusieurs bienfaiteurs de l'humanité, de ce Titus à si juste titre sur-
nommé les délices du genre humain, de
ce Trajan si occupé du bonheur de ses
semblables, de ce bon Louis XII, le
père de son peuple ; et si M. Chevalier,
dans une enceinte aussi étroite, n'a pu
placer d'autres statues que les leurs, son
cœur s'en est en partie dédommagé en
écrivant à côté sur le mur, les noms de
ceux qui, n'étant pas comme eux nés sur
le trône, n'ont pas laissé dans leurs sphè-
res moins brillantes, de les prendre pour

modèles. Le prince de Timor y voit un nom qu'on avait voulu, en divers endroits, faire disparaître, et qui néanmoins laissait des vestiges. C'est celui du docteur Chevalier, lui dit la sœur Ursule; il a beau l'y effacer, on l'y revoit toujours. Ce lieu étant ouvert de toutes parts, car il communique aussi au bâtiment de ses malades, il semble que c'est à qui viendra l'y écrire. Ah! je ne serai pas en reste, dit le prince, et ramassant un crayon que la reconnaissance y avait oublié : il écrit, en gros caractères, dominans sur tous les autres, et aussi haut que sa main peut le lui permettre, le nom chéri de son bienfaiteur, et il l'écrit en versant des larmes d'attendrissement.

Assis au milieu de ce sallon, où la sœur Ursule l'a laissé seul, et doit bientôt venir le rejoindre, il ne tarde pas, suivant son usage, à s'occuper de son père chéri. Ah! que ne peut-il, aux dépens de la moitié des jours qu'il a à vivre, passer l'autre auprès de lui, se retrouver dans ses bras! car il aime son père comme vous , César!... (Mais il faut taire votre nom de famille, le bonheur de votre père ferait trop de jaloux), vous, qui donnez tant de preuves de tendresse au vôtre, vous , le modèle des fils, qui joignez à une belle ame, beaucoup d'esprit , d'instruction et une modestie si grande!

Le prince Balthasar s'occupe silencieusement du sien; il éprouve toute la douce ivresse du sentiment qui l'attache à lui, il s'abandonne à une tendre rêverie, dont à la fin le fait sortir la sœur Ursule. Elle lui représente qu'il est tard ; qu'il faut quitter le salon des convalescens pour rentrer dans sa chambre. C'est la première fois, depuis la trahison du moine Ignace, qu'il a été quelques heures sans penser à lui, sans le détester, sans le maudire; là, tout entier à la tendre affection qu'il porte à son père, il n'a songé qu'à lui. Les passions haineuses et vindicatives n'ont pas tourmenté son ame. Durant tout le temps qu'il a passé au salon des convalescens, ses sombres idées ont disparu, son imagination, sa mémoire comme son cœur n'ont été qu'à Animaltie.

CHAPITRE VII.

Soit que les sentimens qu'avait éprouvés le prince eussent, par leur forte impression, trop affecté la sensibilité de son ame; soit qu'il eût un peu abusé de la permission du docteur en prolongeant cette première sortie, il s'en trouva incommodé. Sa constitution, toute robuste qu'elle était, avait eu, depuis son départ de Timor, si continuellement à lutter contre le brusque changement de climats et de manières de vivre, contre les fatigues inséparables de la guerre, et plus encore contre les peines d'esprit, qui l'emportent de beaucoup sur celles du corps, que la diminution de ses forces était sensible : mais il est un âge où cet épuisement n'est pas irréparable; la nature abonde en ressource dans la jeunesse, et ne travaille pas en vain à la conservation de son ouvrage; d'ailleurs l'excellent médecin entre les mains duquel venait de le placer miraculeusement la Providence, était tellement expert dans l'art de guérir, qu'il y avait tout lieu de croire au rétablissement de sa santé.

La sœur Ursule, attentive à remplir ses devoirs de garde-malade, ne manqua pas de rendre compte au docteur de la suite fâcheuse de cette première sortie du prince, et de ce qui s'était passé au salon des convalescens; il y avait tout lieu de craindre une rechute; le visage du malade s'y était singulièrement animé, des larmes avaient coulé de ses yeux en écrivant le nom de M. Chevalier; et il l'avait fait avec une effusion de sensibilité touchante, un attendrissement qui ne valait rien pour un convalescent. Sœur Ursule n'ignorait pas que ces grands troubles du cœur, soit que la joie le dilate, soit que la tristesse le resserre, en se livrant trop vivement à ses affections, détruisent la plus excellente santé.

M. Chevalier, que ces rapports de la religieuse attachaient encore d'avantage à son malade, ne manqua pas de le visiter le lendemain, et il le fit de meilleure heure. Sans en avoir le projet, il y resta plus long-temps que de coutume, et parut beaucoup se plaire dans sa conversation. Le prince lui parla si pertinemment de l'Inde, de son climat, de ses productions, que le docteur, quoiqu'il fût certainement bien loin encore de le croire fils d'un souverain de ce pays, ne douta pas qu'il n'y eût pris naissance.

Il observa avec plaisir, comme marque indubitable du retour de sa raison, que toutes ses remarques étaient judicieuses, ses rapports exacts, et ses connaissances, sur-tout en géographie, beaucoup plus étendues qu'il devait naturellement s'y attendre. A la manière pleine de sagacité dont il traitait divers sujets, il cessa de le croire né dans cette classe où le manque de fortune empêche de recevoir de l'éducation; mais ce fut sur-tout sa science en botanique qui excita son étonnement; il ne pouvait concevoir comment n'étant pas botaniste ou médecin, il pouvait faire une description si circonstanciée de beaucoup de plantes, assignant à chacune ses véritables propriétés, et leur plus ou moins de vertu en médecine.

Le prince héréditaire de Timor n'était pas cependant plus instruit sur cet article que tous les sujets du roi son père; mais dans un pays où il n'y a point de médecin en titre, où chacun s'occupe de la conservation de sa santé et de la guérison de ses maladies, où l'on est forcé d'être soi-même son Esculape, il en résulte que l'on acquiert, quoiqu'on n'en

fasse pas une étude suivie, les connaissances nécessaires pour atteindre ce but.
On apprend à faire l'emploi convenable
de ces végétaux précieux que la nature, libérale pour l'utilité de l'homme,
produit presque par-tout, et dont l'expé-
rience, beaucoup plus que les livres, fait
distinguer les genres comme l'efficacité.

M. Chevalier ordonne au malade de
garder la chambre, et en réponse à tous
les vifs remercîmens que sa reconnaissance lui adresse, lui serre affectueuse-
ment la main. Il sort avec la sœur Ursule. Ce jeune homme-là a un excellent
cœur, lui dit-il à la porte; je m'y attache
singulièrement. Vous avez bien raison
de l'aimer, lui répond la sœur Ursule;
car rien n'égale l'enthousiasme avec lequel
il a écrit votre nom sur le mur du salon.
Mais où allez-vous donc, M. Chevalier,
ce n'est pas là votre chemin. Si fait, si
fait, sœur Ursule; lorsqu'on devient vieux,

comme la mémoire se perd ; j'avais oublié ce que vous m'aviez dit hier au soir.
La religieuse rentra ; et le docteur, avant de commencer la tournée de ses malades, fut dans l'oratoire y effacer le nom qu'avec tant de plaisir le prince y avait écrit la veille.

Celui-ci essuie une réprimande de la religieuse ; elle s'en prend à lui de ce qu'elle a été grondée ; il n'y a cependant pas eu de sa faute ; elle l'avait bien averti cinq ou six fois qu'il se faisait tard, qu'il était temps de rentrer ; mais il se trouvait comme en extase dans le salon, où elle croyait bien qu'il serait encore, si, à diverses reprises, elle ne l'eût tiré par le bras. Dorénavant, elle ne se mettra plus dans le cas de mériter des reproches ; il ne faut pas qu'il s'attende à la voir tomber en faute à l'avenir ; elle saura être sur ses gardes ; et pour commencer à suivre les ordres du docteur, elle lui prescrit de garder sa chambre, de s'y tenir tranquille et de parler peu.

Ne pourriez-vous pas, sœur Ursule, puisque vous poussez la sévérité jusqu'à me défendre de parler, me faire avoir un des livres de la bibliothèque?

Ah! oui, vous prenez bien votre temps pour cette demande. Le docteur ne vient-il pas de sortir, et n'a-t-il pas la clef dans sa poche? Vous ne savez donc pas que ce n'est qu'à certaines heures que la lecture est permise ; nous avons ici des gens, qui, si on les laissait faire, auraient continuellement leurs yeux sur des livres, et Dieu sait ce qui en arriverait pour leur santé, si on n'y mettait pas ordre! Car, comme disait fort bien mon père, il faut jouir des meilleures choses avec modéra-tion, et tout ce qui est passion, loin de pro-curer le bonheur, abrège la vie, sans la rendre plus fortunée. Ma pauvre Sophie, ne cessait-il de me répéter, aies toujours cette sage maxime devant les yeux, quelle soit à jamais gravée dans ton cœur; tâches de t'y conformer? Si tes goûts sont réglés par la raison, si tu ne passes pas les limites qu'elle leur assigne autant qu'il leur est possible de l'être ici-bas, tu seras heureuse, ma Sophie.

J'étais persuadé que vous vous appeliez sœur Ursule, observa le prince à la religieuse; je ne vous ai jamais entendu nommer sœur Sophie. Je le crois bien, répliqua celle-ci, il est des noms de malheur qu'on ne saurait trop tôt quitter; et je ne conçois pas encore comment j'ai pu prononcer celui de Sophie devant vous; car je l'ai en horreur; j'ai été trop malheureuse en le portant.

Comment avec cet air de sérénité répandue sur votre figure, et qui ferait croire que votre ame tranquille n'a jamais connu que le calme et le bonheur, vous auriez été aussi en proie à l'infortune?

Hélas !

Hélas ! oui ; mais ne m'interrogez pas davantage, M. Balthasar : vous avez montré hier toute la sensibilité d'une femme ; n'allez pas aujourd'hui en avoir la curiosité : ce serait inutile.

Le prince éprouva ce qu'assez ordinairement on éprouve en pareille circonstance, un grand désir de savoir ce que l'on paraissait ne pas vouloir lui apprendre. Il presse la sœur, il la supplie, la conjure de lui faire le récit de ce qui a pu occasionner son changement de nom ; et celle-ci, vaincue par l'instance de ses prières, se rend enfin à ses sollicitations. Au bout du compte, dit-elle, pourrait-il y avoir du mal à vous entretenir de ma jeunesse : à la vérité dans mon récit il sera bien question d'amour ; mais quelle est l'histoire d'homme ou de femme où il n'entre pas pour quelque chose ; et puis à soixante-cinq ans, un tel récit fait à un homme de vingt, est bien je

Tome II.

7

crois sans conséquence ; il y a autant de distance entre nos âges qu'entre nos pays. Vous avez pour patrie les Grandes-Indes ; je suis née en Nivernais ; et si avec raison je vous regarde comme un homme de l'autre monde, vous devez, avec tout autant de fondement, voir en moi une femme de l'autre siècle. Asseyez-vous donc dans ce fauteuil auprès de la fenêtre, vous aurez en face la verdure du jardin faite pour vous réjouir la vue, et quoique vous ne soyez pas tourné de mon côté, vous ne m'en entendrez pas moins bien.

La sœur Ursule s'asseoit un peu en arrière du prince, du côté de la cheminée ; elle place son rouet sur une petite table posée devant elle ; et en filant la soie que son amitié pour le docteur destine à lui faire des bas, elle commence, après avoir un peu hésité, à raconter ainsi son histoire.

Je vous ai nommé mon pays, mais

je ne vous nommerai pas ma famille ; non que ce que j'ai à vous raconter soit dans le cas de la faire rougir, mais elle s'éteint en moi ; et si elle occupe quelques pages dans l'Histoire, je ne veux pas qu'elle laisse d'autres souvenirs que ceux de son antiquité et de sa gloire. La postérité y pourra puiser de grands exemples de dévouement aux lois de l'honneur, d'amour pour son roi et sa patrie ; mais elle se passera bien de connaître les infortunes de son dernier rejeton.

Je pourrais vous dire, qu'appuyée sur l'urne de la douleur j'y ai laissé tomber silencieusement mes larmes pendant bien des années ; chaque jour je désirais me réunir à mes ancêtres, et trouver enfin, près d'eux, la paix dans la tombe où ils reposent. Mais pourquoi retracerais-je des souvenirs dont, Dieu merci ! il ne reste plus de traces ? Le

temps a mis un baume sur mes bles-
sures, et l'exercice des saintes fonctions
de l'état, auquel la Providence m'a
appelée, a sur-tout fait diversion à mes
maux. Dès que je me suis occupée des
souffrances d'autrui, j'ai été moins sensible aux miennes, et je suis presque
parvenue à regarder mes infortunes
comme des songes funestes, faits pour
troubler le repos, et dont l'imagination
doit repousser l'approche avec effroi.
J'ai cherché à me persuader que ma
première existence n'a été qu'une chimère ; que Sophie, bien loin d'être la
sœur Ursule, n'est qu'un de ces êtres
fantastiques, enfans d'un cerveau débile,
qu'il faut reléguer dans le pays des illu-
sions et des mensonges.

Ainsi, résignée aux décrets du Ciel,
je suis enfin parvenue à être à l'abri de
toutes ces honteuses faiblesses qui font
le tourment du cœur en lui rendant

chers de certains souvenirs. Je crois, M. Balthasar, devoir vous le déclarer, pour que vous n'imaginiez pas que sous mes cheveux gris je conserve encore même la plus légère idée du sentiment qui les a fait blanchir avant l'âge, et dont ma confiante jeunesse attendait le bonheur.

Soyez donc sans crainte : je n'éprouverai pas la moindre peine à vous faire le triste récit que vous me demandez; il ne sera interrompu par aucune larme de ma part; j'en ai tant versé qu'il ne m'en reste plus à répandre, la source en est épuisée.

Mon père après avoir, pendant quarante ans, servi avec gloire, s'était retiré dans son vieux château. Tout occupé de l'éducation des trois enfans que lui avait laissés ma mère; car nous avions eu, fort jeunes, le malheur de la perdre; il s'efforçait, autant par ses exemples que par ses préceptes, de nous inculquer ces principes de vertu, qui l'avaient, même dès le printemps de sa vie, rendu si recommandable.

Jamais on n'a eu plus de loyauté, de valeur et de franchise. C'était un chevalier français dans toute la force du terme. Passionné pour la gloire de son pays et idolâtrant son roi, il ne respirait que pour eux ; peut-être, car la perfection absolue n'est pas de la nature de l'homme, mon père saisissait-il, avec trop de complaisance, toutes les occasions de citer ses ancêtres. Il aimait à s'étendre sur leurs hauts-faits d'armes, et il en entretenait souvent ses fils.

Cette éducation, toute chevaleresque, donna deux zélés défenseurs à l'état. Mes frères se distinguèrent dans plusieurs occasions ; mais l'impétueuse ardeur de l'aîné lui fut funeste ; il perdit la vie dans une bataille, après y avoir fait des prodiges de valeur. Nous le pleurâmes amèrement, et mon père, se livrant entièrement à ses regrets, fut, pendant plus de six mois, sans vouloir sortir de chez lui.

Enfin, le temps ayant amorti sa douleur, il consentit à se trouver avec ma tante et moi, à une fête donnée à Nevers par un régiment dont les chefs avaient été autrefois ses compagnons d'armes. A peine fûmes-nous entrés dans la salle de bal qu'un jeune officier, d'une très-belle figure, m'engagea à danser; et je m'aperçus que, lorsqu'il m'eût reconduite à ma place, et eût causé quelque temps avec ma tante, il courut se joindre aux autres officiers de son régiment, qui entouraient mon père; paraissant fort jaloux, par ses témoignages de respect, d'attirer sur lui son attention.

Comme je faisais mon entrée dans le monde, et qu'en général on y fête les nouveaux venus, il s'était formé autour de ma tante un petit cercle très-empressé à nous plaire. Un jeune homme, le seul qui ne m'eût point adressé la parole, se détache de ce groupe; il s'avance d'un air timide, me demande pour partenaire, à peine lève-t-il les yeux. Quoique sa figure fût martiale, il y avait je ne sais quelle teinte de sensibilité répandue sur l'ensemble de sa physionomie, qui, non-seulement, tempérait la fierté de ses traits mâles, mais encore en adoucissait l'expression et portait au plus haut degré, celle de la bonté. Il était très-bien pris dans sa taille, il avait l'air noble, imposant, quoique gracieux; de grands yeux noirs; et quoiqu'il eût eu avec ma tante une conversation très-spirituelle, il ne s'approcha de moi qu'avec

qu'avec un extrême embarras et ne me
dit que quelques mots, il rougit en me
prenant la main. La sienne tremblait.

— Que vous arrive-t-il donc, sœur
Ursule, je n'entends plus votre rouet, il
ne va plus? — Oh, ce n'est rien, M. Ba l-
thasar : cette soie est vraiement de la
bourre, elle casse à toute minute. Faites-
moi le plaisir de regarder, de temps
en temps, de la fenêtre au cadran so-
laire ; vous m'avertirez quand il sera
onze heures et demie, car je serais au
désespoir que midi me trouvât ici.

J'acceptai l'invitation de ce jeune
homme, dont je serais bien fâchée que
vous imaginassiez que je vous ai fait
un portrait flatté ; j'ai en horreur le
mensonge. Il causa infiniment peu avec
moi, mais beaucoup avec ma tante,
et il chercha trop à lui plaire pour que
je pusse, malgré son air d'indifférence

Tome II.   8

affectée, prendre le change sur ses sentimens.

Après avoir séjourné deux jours à
Nevers, nous retournâmes au château,
et, profitant de la permission de mon
père et de ma tante, ces deux officiers,
avec qui j'avais dansé, vinrent nous y
rendre visite ; leur régiment partait pour
l'Allemagne ; nous étions en temps de
guerre. Vous jugez bien que mon père
leur tint plus d'un discours sur l'honneur et sur la gloire ; et comme il connaissait parfaitement leurs familles, al-
liées de la nôtre, il les exhorta avec
chaleur à ne laisser échapper aucune
occasion de se distinguer.

Hé bien ! Sophie, me dit mon père,
après leur départ, comme ces deux
jeunes gens qui, en se cachant l'un de
l'autre, m'ont fait ici, pour toi, leur
cour, vont chercher à se signaler. Ils

savent que les femmes, et, sur-tout les
françaises, font un cas particulier de la
bravoure ; et je ne serais pas du tout
étonné que, pour te mériter, ils ne devinssent des héros. Bon nombre de tes
ancêtres ont obtenu leurs épouses de
cette manière. Auquel de ces deux rivaux donnerons-nous la préférence ?
Égaux en naissance comme en fortune, l'un et l'autre jouissent d'une
grande estime ; on les cite comme des
modèles de bonne conduite. Ils ont de
belles figures, de l'esprit, de très-heureux naturels ; et je conçois, leur mérite étant en tout pareil, qu'il n'y a
que le plus ou le moins de lauriers
qu'ils vont cueillir, qui puisse influencer et déterminer ton choix.

Je t'avouerai cependant franchement,
bien sûr de te faire plaisir, que ta tante
et moi pencherions assez pour Alphonse. Nous nous sommes facilement

8 *

aperçus que tu le préférais ; il est vrai qu'il est très-gai et fort aimable. On est tout de suite à son aise avec lui ; tandis que l'autre est grave et sérieux. Il ne rit point comme son camarade ; il a la timidité d'une jeune fille, ce Frédéric. Aussi ce n'est cependant point pour t'en faire reproche ; mais il me semble que tu l'as un peu trop négligé ; c'est tout au plus si tu t'es mise, pour lui, en dépense de dix paroles. Quoi qu'il en soit, je vais informer ton frère de leur recherche, étant à la même armée, il nous en rendra bon compte.

Je n'osai, quoique j'eusse toutes sortes de raisons de compter sur la tendresse de mon père et de ma tante, leur faire connaître l'état de mon cœur : il était tout à Frédéric. L'incertitude des événemens, car il pouvait être tué dans une bataille, me fit garder mon secret ; déclarer une inclination qu'il était possible que les cérémonies de l'église ne légitimassent jamais, répugnait à ma délicatesse et à cette pudeur de jeune fille qui, aimant pour la première fois, craint presque de se l'avouer à elle-même.

Ce n'est pas que je ne fusse sûre du cœur de Frédéric. Il est de ces choses de sentiment qui n'échappent point à la sensibilité des femmes. Frédéric n'avait été sérieux et taciturne qu'avec moi; il était fort à son aise avec ma tante, et dès que je feignais de ne pas m'en apercevoir, ses regards se fixaient aussitôt sur toute ma personne. Le surprenais-je dans l'espèce de contemplation où il semblait être, alors il baissait les yeux d'un air timide et confus, comme pour me demander grâce de s'être trop livré au plaisir de me voir; et puis, la veille du départ, mon père les ayant cordialement embrassés l'un

et l'autre, je fus encore mieux convaincue de ses sentimens, par ce qui
se passa entre lui et moi.

— Mesdames, nous dit mon père, voilà
deux jeunes officiers qui vont bientôt en
venir aux mains avec nos ennemis; sûrement ils ont vos vœux, qui ne peuvent que leur porter bonheur; mais il me
semble que leur récolte de lauriers serait
encore plus abondante si vous leur per-
mettiez, en prenant congé de vous, de
vous embrasser. Soyez sûres, si vous
leur accordez cette faveur, qu'ils ne nous
reviendront qu'avec la croix de St. Louis,
la récompense des braves. Frédéric em-
brassa ma tante de tout son cœur, mais
quand il vint à moi il n'y mit pas le
même empressement, à peine sa joue
effleura-t-elle la mienne, et il trembla.
D'ailleurs, en ce moment je reconnus à
son chapeau un de mes nœuds de ruban
blanc, que la veille j'avais donné pour

gage dans un de ces jeux innocens, plus d'usage à la campagne qu'ils ne le sont à la ville : il s'en était fait une cocarde. Vous sentez bien, M. Balthasar, que je ne pouvais, en présence de mon père, lui redemander mon ruban, et je fus forcée de le lui laisser.

La campagne s'ouvrit bientôt, et nous ne tardâmes pas à recevoir de mon frère des nouvelles de nos jeunes gens, que l'on citait, en toutes occasions, avec éloge. S'agissait-il de quelque entreprise hardie, qui demanda autant de présence d'esprit que de courage, c'était sur eux que l'on jetait les yeux.

Cette première campagne si glorieuse fut suivie d'une autre, où ils ne cueillirent pas moins de lauriers. Leurs noms comme leurs belles actions continuèrent à être célébrés dans les gazettes, et mon père, en les lisant, croyait être transporté sur le champ de bataille ; il

ne manquait pas de me dire, à nos veil-
lées : ainsi, ma fille, faisaient jadis ces
anciens preux et chevaliers, dont le nom
et la valeur revivent dans ces deux jeunes
gens, si jaloux de te plaire. Ce n'était
qu'à force de gloire et de triomphes qu'ils
obtenaient le cœur de leurs dames. Tout
chargés de lauriers, et annoncés par des
victoires, ils venaient à leurs genoux recevoir les couronnes de myrte qui les
y attendaient ; mais je crains que leur
trop d'audace n'entraîne leur ruine, et
que pour eux les palmes de la gloire
ne finissent par être entremêlées de
cyprès.

Les pressentimens de mon père se vé-
rifièrent bientôt. Nous ne tardâmes pas
à apprendre, qu'à la tête d'un parti d'enfans perdus, ils s'étaient emparés d'un
poste important ; mais que s'abandon-
nant trop à l'impétuosité de leur valeur,
l'un d'eux avait été tué dans l'attaque,

et que l'autre, pour prix de cette belle action, avait été honoré sur le champ de bataille même, de la croix de St. Louis.

D'après la connaissance qu'il croyait avoir des sentimens de mon cœur, mon père ne savait trop comment m'annoncer cet événement fait, selon lui, pour me rendre à jamais malheureuse. Sophie, me dit-il enfin d'un ton solennel, beaucoup de nos braves ont péri à l'armée, il faut vous armer d'un grand courage. Ah! mon père, m'écriai-je, en levant au ciel des mains jointes et des yeux noyés dans les pleurs, Frédéric a été victime du sien; je n'ai plus qu'à mourir.

Mon père, aussi étonné de s'être mépris sur mes sentimens, que touché de l'énergie de ma douleur, se hâta d'y mettre un terme. Il m'apprit qu'Alphonse avait été tué, que Frédéric était chevalier de St. Louis; qu'on traitait de la paix; et pour ne me rien laisser à dési-

rer, il voulut répondre sur-le-champ au
père de Frédéric, qu'il consentait à ce
que j'épousasse son fils aussitôt qu'il serait de retour de l'armée. Vous jugez
combien j'étais heureuse, M. Balthasar;
quels souhaits me restaient-ils à faire?
— Sœur Ursule, il est midi.

A peine le prince de Timor a-t-il
prononcé ces mots, que le rouet de la
religieuse roule et tombe par terre; le
prince Balthasar se lève au bruit, s'approche. La sœur Ursule éprouve une
forte attaque de nerfs; il sonne, mais
avant que personne soit arrivé à son secours elle est revenue à elle. Mon Dieu!
sœur Ursule, qu'avez-vous?—Rien,
M. Balthasar; c'est midi. Une femme au
service du docteur entre; le prince lui
témoigne sa vive inquiétude sur l'état de
faiblesse où est encore la sœur. Ce ne
sera rien, répond-elle, en donnant à
celle-ci le bras pour l'aider à sortir, et

en ramassant le rouet; ce ne sera rien, c'est midi.

Le prince resté seul, se reproche sa curiosité. Elle ne voulait pas me faire le récit de ses malheurs; pourquoi l'y ai-je, en quelque sorte, forcée? Serais-je bien aise si l'on se permettait vis-à-vis de moi la même indiscrétion, si on allait m'interroger sur ce que je désire que l'on ignore? Elle m'avait prié de l'avertir avant qu'il fût midi; elle est accoutumée à une vie réglée; j'aurai par mon étourderie, et le plaisir que je prenais à l'entendre, interverti l'heure de ses repas. Il n'en faut pas davantage pour déranger la santé d'une personne qui n'est plus jeune et qu'a éprouvé le malheur.

En se grondant ainsi lui-même, le prince se promenait et il ne tarda pas à apercevoir à terre un petit morceau de taffetas noir en forme de poche, auquel était attaché un ruban de même couleur,

et qui ressemblait assez à un scapulaire.
Il venait de se reprocher sa curiosité:
et combien à cet égard est grande la faiblesse de l'homme! il regarde, il exa-
mine et ouvre enfin cette espèce de scapulaire qu'il ramasse. Il voit au fond une
cocarde blanche: Ah! voilà, dit-il, je le
parierais, le nœud de ruban de la sœur
Ursule.

A peine est-il entre ses mains que la
même femme qui avait donné le bras à
la religieuse, arrive toute effarée. « La
» sœur Ursule se désole; elle a laissé
» dans son évanouissement, échapper
» de son cou, un scapulaire auquel il
» faut qu'elle ait une grande confiance,
» car elle m'envoie en hâte le chercher;
» ne l'auriez-vous pas vu, Monsieur? »
Le prince le lui remet, et pour qu'il soit
plutôt entre les mains de la bonne religieuse, qu'à l'instar de M. Chevalier
tous les domestiques de la maison aiment

de tout leur cœur, elle court le lui rapporter.

On laisse peu de temps au prince pour
se livrer à ses réflexions sur ce qu'il a vu
ou vient d'entendre ; la sœur Ursule
rentre d'un air aussi sévère que sa physionomie douce peut le lui permettre ;
elle lui adresse ces paroles.

« Jeune homme, vous n'en avez pas
» bien agi avec moi, vous avez abusé
» de ce que l'état où je me suis trouvée et
» le hasard ont fait tomber entre vos
» mains. Elle eût dû être sacrée pour
» vous, cette bourse que vous avez ou-
» verte. N'allez pas, par ce que vous y
» avez découvert, juger témérairement
» d'une religieuse pénétrée des saintes
» obligations de son état et la condamner
» sans l'entendre. Ce ne sera plus pour
» satisfaire votre curiosité que je vous
» acheverai mon triste récit : votre ex-
» trême indiscrétion m'en impose le de-

» voir; j'ai à me justifier. M. Balthasar,
» vraisemblablement d'après l'état de
» convalescence où vous entrez, vous
» ferez, dans une quinzaine de jours,
» place à un autre malade dans cette
» chambre. Il est très-possible qu'une
» fois sorti d'ici nous ne nous revoyons
» jamais; mais permettez-moi, sans vous
» en faire cependant davantage de repro-
» ches, de vous observer qu'il est très-
» mal de vouloir, comme vous l'avez
» fait, s'initier, contre leur gré, dans les
» secrets des malheureux, que les leur
» dérober est très-blâmable, et aussi ré-
» préhensible que des vols de tout autre
» genre, qui peuvent être beaucoup
» moins importans pour leur bonheur».

Le prince rougit, sentit vivement ses
torts; et, pour les rendre un peu excusa-
bles, assura la sœur qu'il était bien loin de
concevoir de sa vertu une idée désavanta-
geuse; que sûrement il n'y avait pas de

mal à garder dans cette bourse, qu'il s'affligeait cependant d'avoir ouverte, un ruban, ayant sans doute appartenu à celui qui possédait légitimement les affections de son cœur; que le ciel ne pouvait être offensé si elle conservait, comme souvenir, le gage d'une tendresse qu'il avait épurée, en la sanctifiant aux pieds des autels, par l'intermédiaire d'un de ses ministres; que d'après les sermens qu'en sa présence ils s'étaient faits l'un à l'autre comme époux... Ah! M. Balthasar, dit la sœur, tant de bonheur ne m'était pas réservé; lui seul les a prononcés. Mais remettons à une autre fois la continuation du récit de mes infortunes; d'autres malades réclament mes soins. Vous allez si bien, que vous pourrez bientôt, Dieu merci! vous passer de moi et de M. Chevalier; j'espère que vous ne nous oublierez point; quant à moi, je prierai souvent Dieu pour vous. Peut-être ne verrez-vous point ce soir M. Chevalier; il n'est point revenu de l'Hôtel-Dieu, et il se pourrait qu'il y passât la nuit à donner ses soins au bon jeune homme qui a occupé, avant qu'il vous y fît transporter, cette chambre où vous êtes, et dont il était sorti si bien portant. On le dit très-dangereusement malade; tout ce qu'il vous faut vous sera apporté; couchez-vous de bonne heure; je ne pourrai revenir que demain, et comme ce sera dans la soirée, je vous acheverai mon histoire; nous n'aurons pas à craindre midi.

CHAPITRE

CHAPITRE VIII.

DE quel poids accablant le cœur du prince Balthasar n'aurait-il pas été allégé, s'il avait pu ne pas savoir ce que l'on venait de lui apprendre. C'était dans quinze jours qu'il fallait s'attendre, pour faire place à quelque autre infortuné, à quitter cet asile où la bienfaisance l'avait accueilli. Il lui paraissait tout simple que ses dons ne fussent pas versés sur un seul malheureux; mais qu'allait-il devenir? S'il éprouvait une rechute de cette cruelle maladie, qui, sans les soins généreux de M. Chevalier, l'aurait vraisemblablement fait descendre au tombeau, quelle autre perspective pour lui à envisager, que celle de cet Hôtel-Dieu? N'était-ce pas là qu'il était moribond avant de retomber malade, et avant d'occuper,

chez le docteur charitable, la chambre
où il logeait encore? Et en supposant
même que sa santé n'éprouvât aucun
échec, n'était-il pas également le plus
à plaindre des hommes? Car que pouvait-il faire? Comment vivre? Où
porter ses pas?

Tout en songeant à sa triste position
et à la conduite qu'il avait à tenir avec
M. Chevalier, dont il lui était si doulou-
reux, sous tous les rapports, d'avoir à
se séparer, il se reprochait amèrement
ses procédés envers la sœur Ursule; et
si la curiosité, naturelle à son âge et à
son caractère, le faisait quelquefois res-
souvenir de cette heure de *midi*, qui, aux
yeux de tous ceux qui la connaissaient,
semblait expliquer son attaque de nerfs;
si elle lui remettait également en mémoire
la cocarde de ce jeune homme qui l'avait
aimée, il repoussait loin de lui tout
désir d'en savoir davantage, tant ce que

venait de lui dire la religieuse, au sujet de sa curiosité, était profondément gravé dans son cœur.

Comme cependant il aurait su gré au docteur d'en montrer un peu plus sur son compte! Il eût donné, s'ils eussent été en son pouvoir, les plus beaux diamans du roi son père, pour qu'il lui fît quelques questions sur sa naissance. Près de deux mois s'étaient écoulés depuis son arrivée chez lui, sans qu'il l'eût jamais interrogé à cet égard; il semblait même dans la conversation, éloigner tout ce qui pouvait y avoir rapport. Le prince s'en affligeait d'autant plus, qu'il connaissait les motifs de sa conduite. N'avait-il pas attribué ses premières ouvertures à ce sujet à l'aliènement de son esprit, et exigé que de quelques semaines il ne l'entretînt pas davantage de son illustre origine; probablement pour donner à sa raison le temps de se remettre de l'égarement où il la supposait ? Mais il s'était montré trop d'occasions de lui prouver qu'il était en son bon sens pour ne l'avoir pas fait revenir de son erreur; il devait être plus porté à ajouter foi à ses discours, et ne refuserait sûrement pas de l'entendre.

Pourquoi différerait-il de lui confirmer ce qu'il lui a déjà dit relativement à sa naissance royale ? Sûrement M. Chevalier ne le prendra pas pour un imposteur, cherchant, à l'aide d'une fiction brillante, à se placer dans le rang le plus auguste, pour intéresser sa vanité à lui rendre service, en lui offrant l'appât si séduisant pour l'amour-propre, d'être l'appui d'un fils de souverain ? Ne lui accorde-t-il pas déjà ses soins généreux ? Sa belle ame n'a point besoin qu'on lui tende de telles amorces pour l'engager à la bienfaisance : ce serait un mensonge inutile.

Sans doute il n'attribuera son empressement à se faire connaître, qu'au désir bien naturel de ne point passer pour un objet de charité publique ; idée bien humiliante pour un homme d'honneur, né sur-tout comme lui, si près du trône ! Ce serait alors seulement à l'amitié, qui ennoblit tout, qu'il devrait momentanément les dons de M. Chevalier ; et il serait bien loin d'avoir à en rougir, puisqu'en échange il pourrait lui donner la certitude de les lui rendre un jour au centuple.

Le prince héréditaire de Timor s'y détermine ; il est résolu à parler de nouveau de son père à M. Chevalier, et aussi bien disposé qu'il l'était à se faire enfin connaître de son bienfaiteur ; celui-ci ne pouvait arriver plus à propos. Commençant, suivant son usage, sa tournée de malades, par celui qui occupait la chambre des pauvres, le docteur y entra pour s'assurer de l'état de sa santé, et il vit avec plaisir que, reprenant ses forces à vue d'œil, il serait bientôt dans le cas de n'avoir plus besoin des secours de son art. Le prince, occupé de son projet, le regardait attentivement, comme cherchant à lire sur sa physionomie les dispositions de son ame, et si l'occasion de l'entretenir d'une affaire aussi importante était propice; mais il eût pu, comme il s'en convainquit bien vite, s'épargner cet examen; la physionomie de M. Chevalier ne variait pas plus que son cœur. Les dispositions, sans cesse bienveillantes de celui-ci, s'y peignaient continuellement. C'était une physionomie douce, ouverte, pleine de sensibilité, où, sans nulle étude et, en quelque sorte, couramment, on pouvait lire l'amour de ses semblables toujours prêt à agir.

Encouragé par son expression pleine de bonté, le prince crut devoir d'abord

lui demander des nouvelles de la sœur
Ursule, ayant eu d'ailleurs, en plus
d'une circonstance, la preuve du respect
et de l'attachement sincère de M. Chevalier pour cette vénérable fille. Par-là
Il satisfaisait à la reconnaissance de son
cœur. Le docteur le rassura en lui disant qu'elle se portait bien, qu'il ne
fallait pas en être inquiet pour l'avoir
vue incommodée la veille. C'était *midi*,
et rien de plus. Il tâta après le pouls
du prince, et au moment où celui-ci
allait vaincre sa timidité, afin d'entreprendre de lui parler encore une fois
de sa royale naissance, et faire tous ses
efforts pour l'en persuader, M. Chevalier l'entretint de ses regrets au sujet
du jeune homme, malade à l'Hôtel-
Dieu : il venait d'y mourir.

Jamais on n'avait été dans une plus
affreuse misère, un abandon plus absolu des hommes. Agé d'environ trente

ans, il gémissait, depuis plus de douze,
dans l'infortune, lorsque son déplorable
état de santé et son indigence lui atti-
rèrent la compassion et les secours de
M. Chevalier. L'humanité du docteur
le recueillit et le soigna dans cette même
chambre où logeait le prince. En proie
à une fièvre ardente, ayant continuellement le transport au cerveau, il ne
cessait de s'écrier, dans son délire, qu'il
était un misérable indigne de voir le
jour, chargé de la malédiction de son
père, qu'il méritait tous les supplices, et
ne devait être heureux si Dieu se montrait juste à son égard, ni dans ce monde-
ci ni dans l'autre, le crime qu'il avait
commis étant énorme et au-dessus de sa
miséricorde. Il regardait, comme l'effet
de cette malédiction, tous les malheurs
qui rendaient son existence si affreuse.

Vous sentez, mon cher Balthasar,
continua le docteur, combien tous ces

propos,

propos, quoique tenus dans l'égarement
de la raison, me donnèrent d'inquiétude.
Le remords pouvait les avoir arrachés
à la vérité, car, dans ces momens où
l'homme n'est point sur ses gardes, il
dit tout ce qui lui vient à l'esprit, et sa
mémoire, comme son imagination, le
servent également. Je ne me reprochai
point un acte de bienfaisance, mais je
craignis qu'il ne fût mal placé.

Dès que mon malade fut tranquillé,
je ne manquai pas de lui exprimer
mon étonnement de ses étranges discours, et aussitôt s'élançant de son
lit, il embrasse mes genoux et s'y accuse d'avoir commis le plus grand des
crimes. Cet aveu et son air égaré me le
font involontairement repousser loin de
moi; mais toujours humblement, pros-
terné à terre, il me conjure de l'entendre, et ce n'est qu'avec peine que
j'obtiens qu'il se couche.

Tome II.   10

Si je suis, dit-il, un objet d'horreur,
je ne le suis pas moins de pitié, et un
crime involontaire, suivi d'un repentir
bien vif, peut encore être pardonné des
hommes, quoique je ne me le pardonne
point.

Né avec des passions très-vives, je
donnai, dès ma plus tendre jeunesse,
dans de grands écarts. Mon père n'avait
que moi d'enfant, je lui étais extrème-
ment cher; mais, malgré toute sa bonté
et son indulgence, il fut trop affligé de
ma conduite pour ne pas m'en témoigner
son mécontentement. Il me représenta
plus d'une fois combien il m'importait
d'obtenir l'estime publique, base de la
confiance si essentielle à l'état de no-
taire, auquel j'étais destiné. Il ne pouvait me céder sa charge que lorsque,
par la régularité de mes mœurs, je me
serais montré digne de l'occuper. Mais
mon amour effréné pour le plaisir l'em-

porta sur ses sages conseils. Montcœur s'enflamma tellement, pour une jeune veuve, que j'en perdis toute raison, et me livrai en aveugle à toutes ses volontés. Brouillée, depuis peu, avec un amant dont elle avait l'espoir de faire un époux, elle ne pouvait lui pardonner l'indiscrétion avec laquelle il montrait son portrait. Cette faveur, me disait-elle, quoiqu'innocente, ne lui ayant été accordée que la veille du jour où le mariage devait les unir, était cependant interprétée d'une manière défavorable à sa réputation. Elle aurait donné tout au monde pour ravoir ce portrait qu'il n'avait jamais voulu lui rendre. Empressé à lui plaire, je lui offris d'aller en faire la demande à cet homme méprisable, et si je ne pouvais l'obtenir qu'à main armée, de me battre contre lui à toute outrance.

Sa tendresse pour moi fit à cette jeune

veuve repousser bien loin cette proposition. L'issue du combat était douteuse;
je pouvais y perdre la vie; et puis un
duel exposait à de plus grands dangers
encore sa réputation. Il n'était pas en
mon pouvoir, vu mon extrême jeunesse
et ma dépendance, d'arrêter, en l'é-
pousant, tous les bruits injurieux à son
honneur, qui devaient immanquable-
ment être la suite de cette sanglante querelle. Elle imagina un autre moyen de
ravoir ce portrait, sans hasarder ni mes
jours, ni sa réputation, qui lui étaient
également chers. Grand et fort, je pouvais facilement enlever à cet ennemi de
sa gloire et de son repos, ce gage de tendresse dont si criminellement il faisait
trophée, car le portrait en médaillon était
caché sous le couvercle de sa montre; il
ne s'agissait que de le joindre à la brune
dans quelque endroit écarté.

Je me sentis une extrême répugnance

à commettre une telle action. Ma cons-
cience alarmée me la représenta sous ses
vraies couleurs. C'était un vol et un guet-
apens. De sang-froid, j'en eusse re-
poussé la seule idée avec horreur ; mais
j'étais amoureux, et il y avait un tel prix
attaché à la remise du portrait, que je
m'aveuglai, non-seulement sur la honte,
mais même sur le danger de l'entreprise ;
car je ne pouvais raisonnablement espérer d'en venir à bout, sans rencontrer
de résistance, et sans être obligé peut-être,
pour que les cris de cet homme n'atti-
rassent du monde à son secours, et ne
me fissent par-là découvrir, d'employer
la force qui produit, malgré toute l'envie
possible de n'en pas répandre, quelquefois l'effusion de sang.

On m'assura, pour me tranquilliser,
qu'il était de petite stature, de faible
constitution et d'un courage très-équi-
voque. Je devais être bien certain de

sortir triomphant sans courir tous ces
risques d'une lutte si inégale et où, dé-
butant par l'embrasser corps-à-corps,
je devenais aussitôt maître de lui et
l'empêchais de crier.

Ne l'ayant jamais vu il était à craindre, malgré le portrait qu'on m'en
avait fait, que je ne tombasse dans
quelque méprise, sur-tout n'étant pas
bien sûr qu'il fît clair de lune au
moment où je pourrais l'attaquer ;
mais la femme-de-chambre de la veuve
se chargea de l'épier aux heures où,
tous les soirs, il se rendait chez sa nouvelle maîtresse, et de le devancer pour
me le faire connaître. L'indication précise du lieu où je devais l'attendre me
fut donnée : c'était un endroit obscur et
peu fréquenté qui se trouvait sur son
passage.

Depuis dix heures j'étais à mon poste,
après avoir soupé avec mon père, et at-

tendu qu'il se fût mis au lit; et je commençais à perdre patience; minuit allait sonner lorsque la femme-de-chambre, en sentinelle, s'approche de moi et m'annonce qu'il arrive, elle en est sûre, il a passé tout auprès d'elle, malgré l'obscurité elle l'a reconnu, il la suit. Dès que j'entends ses pas je cours à sa rencontre et le terrasse. Mais la lutte se prolonge au-delà de ce que je croyais. J'ai soin, pour qu'il n'appelle pas au secours, d'appuyer fortement ma main sur sa bouche en même-temps que, pour le contenir, mon genou presse sa poitrine. C'est en vain qu'il se débat, qu'il résiste, je suis prêt à m'emparer de la montre, j'en tiens la chaîne; mais tout-à-coup elle m'échappe, j'ai besoin de mes deux mains pour me débarrasser de mon antagoniste, devenu agresseur à son tour. Nous roulons à terre l'un dessus l'autre, ses forces se sont rani-

mées; plutôt relevé que moi, il me saisit
au collet, et, sans que je puisse lui faire
lâcher prise, il se met à crier au voleur de toute l'étendue de sa voix. Une
lumière paraît bientôt à une fenêtre voisine, je vois la figure ensanglantée de
celui qui me tient si étroitement embrassé, je tombe à ses genoux, c'était
mon père.

» Va, monstre! s'écrie-t-il, fuis de
» mes yeux, éloignes-toi; cesses de souil-
» ler mes regards; n'ajoutes pas à l'hor-
» reur de t'avoir donné le jour, celle de
» te voir expirer sur un échafaud. Echap-
» pes, pour cette fois, il en est temps
» encore, à la justice des hommes. Dieux!
» qui m'aurait dit que son libertinage
» l'eût, non-seulement conduit au vol,
» mais à l'assassinat, au parricide; qu'il
» eût jamais pu arriver à ce comble de
» scélératesse? Il a su que j'étais mandé
» pour recevoir un testament, et, dans cet

» endroit écarté, plutôt que chez moi,
» il aura cru pouvoir commettre ce for-
» fait avec impunité. Monstre! tu restes
» immobile; si tes mains teintes de sang
» t'annoncent pour assassin, la figure de
» ton père ne déposera pas contre toi.
» Ma malédiction que je te donne est bien
» due à ton horrible attentat ». Mon père
se met à fuir, et son indigné et coupable
fils, malgré la pluie qui tombe à verse,
reste encore quelques heures dans la posture où il l'a laissé; ses cris n'avaient attiré personne.

Au point du jour je sortis de la ville
plus mort que vif, persuadé qu'un caractère de réprobation était empreint
sur ma figure, et que le sceau de la vengeance divine, gravé sur mon front
d'une manière visible, me signalait à
tous les hommes comme le digne objet
du courroux céleste.

Un ami, auquel je me hâtai d'écrire,

et par l'entremise duquel j'espérais, en
lui faisant parvenir un récit fidèle, diminuer un peu aux yeux de mon père
l'horreur de mon crime, acheva de me
plonger dans le désespoir. On ne savait
ce que mon père était devenu ; et le sang
répandu sur son passage, à quelque distance de la maison où il avait été appelé,
faisait craindre qu'il n'eût été assassiné.
Le cadavre d'un homme totalement dé-
figuré, trouvé le lendemain sur le rivage,
passait pour être le sien. Afin de dérober à la justice la connaissance de leur
crime, ses meurtriers, à ce qu'on pré-
sumait généralement, avaient jeté son
corps dans le fleuve. Vous voyez donc
devant vous, monsieur le docteur, ajouta
cet infortuné, un objet d'horreur et d'é-
pouvante ; un monstre, un parricide fait
pour être en exécration à tous les hommes ; car nul doute que mon père n'aura
pas voulu survivre à mon forfait ; il se

sera précipité dans le Rhône pour mettre fin à son existence. Les sanglots de ce malheureux ne lui permirent pas d'en dire davantage.

J'ai fait, mon cher Balthasar, pendant les deux mois de séjour de ce jeune homme dans ma maison, tout ce qui m'a été possible pour calmer la violence de son désespoir, mais inutilement; la vie lui était à charge. Il lui semblait voir toujours à côté de lui l'ombre plaintive de son père, et les meurtrissures encore saignantes de sa face vénérable, lui reprochait son forfait.

Depuis quelque temps je l'avais perdu de vue, lorsque avant-hier, faisant suivant mon usage de chaque jour, la visite des malades de l'Hôtel-Dieu confié à mes soins, je l'y vis arriver, porté sur une civière. Consumé par une fièvre lente et une maladie de langueur, il était tombé dans le marasme et dans un tel épuisement de forces, qu'il ne pouvait se soutenir. Il me reconnaît d'abord, et d'une voix faible, me conjure de le laisser mourir, étant las de la vie. Je me hâte de le faire transporter au haut de la salle mieux aérée; on le déshabille pour le mettre au lit, le malade auprès duquel il va se coucher repose déjà; mais le bruit des rideaux qu'on ouvre le réveille, il tourne la tête de son côté. Dieux! c'est mon père, s'écrie le jeune homme, en tombant à terre évanoui. Le vieillard s'élance aussitôt du lit, il s'efforce malgré la faiblesse où il est lui-même, de porter des secours à son fils.

« Ouvres les yeux, Maurice, lui dit-il,
» lis ton pardon dans ceux de ton père;
» il sait que tu n'es ni un voleur ni un
» assassin; la femme-de-chambre, dont
» la méprise nous a été si fatale, m'a tout
» appris. En vain j'ai vendu mon étude
» pour être tout entier à ta recherche,

» j'ai parcouru l'Europe, ton fréquent
» changement de nom m'a fait perdre
» tes traces; et je craignais que ton déses-
» poir ne t'eût porté aux grandes Indes.
» Qui m'eût dit que ce serait dans ce lieu
» que devaient finir nos infortunes et que
» nous attendait le bonheur de nous re-
» voir! Rends-moi mon fils; viens dans
» mes bras ».

Revenu à lui, Maurice a été l'objet
des tendres caresses du vieillard, jusqu'au lendemain que la mort le lui a
enlevé; et quelques heures après, dans
le même lit où il s'était réconcilié avec
son père, et avait reçu son dernier soupir, il a aussi terminé ses jours, en me
disant : M. Chevalier, je meurs content;
j'ai revu mon père; il m'a pardonné. Le
poids terrible de sa malédiction ne pèse
plus sur moi.

A peine M. Chevalier terminait son
récit qu'on vint le demander; d'autres

malades en danger de la vie réclamaient ses soins. Il recommande au prince de se tenir tranquille, lui ordonne pour guérir l'insomnie dont il se plaint, une potion que la sœur lui apportera le soir, et se hâte d'aller remplir ses fonctions de consolateur et de médecin dans les maisons où on le désire.

Tandis que cet homme de bien vole au secours de l'humanité souffrante, le prince se désole de n'avoir pas mis à profit cette circonstance où il s'est trouvé seul avec lui, pour lui raconter ses infortunes. Il le voit rarement sans la sœur Ursule, et comme il aurait lieu de s'affliger d'avoir un tiers présent à leur conversation, s'il ne le persuadait pas, ce serait doubler sa honte; il ne lui faut pas de témoin. Un tête-à-tête est ce qu'il désire; il songe à la manière de se le procurer, quoique dans le dénuement total de preuves où il se trouve pour établir ce qu'il avance, il sente bien que ne pouvant convaincre la raison, c'est seulement le cœur qu'il peut espérer de toucher; il n'en veut pas moins, vis-à-vis du docteur employer tous les faibles moyens de persuasion qui sont en sont pouvoir. Il rassemble tous les matériaux auxquels il attache quelque prix et dont il veut composer son discours; il les classe, les met en ordre dans sa mémoire, et se promet bien d'en faire usage à la première occasion favorable; cependant le temps s'écoule, il est tout entier à sa profonde rêverie, et elle se serait sans doute prolongée davantage sans l'arrivée de la sœur Ursule.

Le prince l'aborde avec autant de respect que de confusion, lui présente le grand fauteuil auprès de la fenêtre; la religieuse accepte. Il pose à quelques pas d'elle, un petit tabouret, où humblement assis et les yeux baissés, il a l'air

de lui demander grâce en faveur de son
repentir.

Nous en étions je crois, M. Balthasar,
lui dit la sœur Ursule, à cette bataille
mémorable où la France, suivant son
usage, fut triomphante, qui coûta la vie
à Alphonse et valut la croix de saint-
Louis à Frédéric, pour prix de sa grande
valeur. Je vous ai raconté quel fut l'ex-
cès de ma joie lorsque mon père écrivit
au sien qu'il consentait à notre union;
si je donnai quelques larmes à la mémoire
d'Alphonse, car quelle est la femme
assez insensible pour n'en pas verser sur
le sort d'un homme qui a sacrifié sa vie
pour la mériter; je ne tardai pas à me
consoler. Il s'ouvrait devant moi un avenir si riant! J'avais les parens les plus
tendres, j'étais adorée de l'homme que
j'aimais : il allait être mon époux. Que
pouvais-je demander de plus au ciel?
Cette félicité remplissait tellement mon

cœur

cœur, qu'elle n'y laissait aucun vide.

L'arrivée de Frédéric y mit le comble; et je sentis vivement combien l'héroïsme a d'empire sur l'imagination des femmes et les transporte. Pénétrée d'enthousiasme pour ses traits de vaillance, je trouvai Frédéric mille fois plus beau et plus aimable; il n'y eut pas jusqu'à la cicatrice d'une petite blessure au front, dont il s'était abstenu de nous parler, qui ne me parut ajouter un charme à sa figure. Il me semblait que malgré toute la modestie de ses discours et de son maintien, il y avait sur toute sa physionomie des rayons éclatans de gloire qui décélaient un héros à tous les yeux; qu'au moindre regard jeté sur lui, on ne pouvait qu'être ébloui de celle qu'il venait de mériter, et dont mon cœur était plein.

Frédéric fut embrassé et félicité par tous nos convives, et, en quelque sorte, mené en triomphe au haut de la salle du festin. Comment avez-vous fait, mon brave, pour, en deux campagnes, avoir acquis tant de gloire, lui dit mon père en lui secouant la main? Pouvait-il être autrement, mon géréral, lui répondit Frédéric, ne suffisait-il pas que je jetasse les yeux sur ma cocarde? L'amour na-tional, et on sait jusqu'où il est porté en France, donna un grand prix à cette réponse.—Ah! jamais français ne la porta plus dignement, ne mérita plus de la porter, s'écrièrent spontanément tous ces vieux militaires; et, si dans les ter-mes où nous en étions, pouvant suivre l'exemple de ma tante, chacun d'eux se joi-gnit aux leurs pour louer Frédéric, mon cœur éprouva bien un autre enthousias-me! J'avais reconnu à son chapeau mon nœud de ruban.

Dans l'ivresse de ma joie, de douces larmes coulèrent de mes yeux. Qu'on est fière! comme l'ame s'agrandit dans ces momens où sur un héros tout atteste le pouvoir de vos charmes ! où , non-seulement il vous fait hommage de sa gloire, mais où il avoue qu'elle est votre ouvrage !

Partageant l'admiration qu'inspire Frédéric, et maîtrisée par un sentiment plus vif encore, je ne puis me défendre du désir d'avoir ce nœud de ruban qui m'est devenu si cher. Je m'approche de son chapeau qu'il a placé sur une petite encoignure ; déjà la gance ne présente plus d'obstacle ; j'ai détaché la cocarde, elle est sur mon cœur ; j'ai juré de ne m'en séparer jamais.

Cependant mon frère, attendu pour la bénédiction nuptiale, n'arrivait point, et l'expiration du congé de Frédéric lui impose l'obligation de nous quitter ; mon père est le premier à lui rappeler ses devoirs, il obéit ; et, à peine de retour à son corps, il nous envoie ses présens de noces

par le comte Alderoni, gentilhomme
parmesan, son intime ami.

Cet étranger, prié par mon père de
rester au château pour assister à notre
mariage, fut témoin, quelques jours
après, de la profonde douleur où nous
plongea la nouvelle de la mort de mon
frère. Cette perte cruelle ne tarda pas à
faire descendre ma tante dans la tombe,
et mon père l'y aurait suivie sans doute,
si mes tendres soins ne l'eussent préservé
du désespoir.

N'ayant plus de fils, et aimant beaucoup son nom, il conçut l'idée, pour qu'il
ne s'éteignît pas, de le faire porter à un
gendre, et cette proposition faite au père
de Frédéric, en fut rejetée comme humiliante. L'altercation la plus vive s'éleva
entr'eux, et ils se séparèrent très-mécon-
tens l'un de l'autre.

Je fus fort étonnée de voir que loin
d'entreprendre de les calmer, le comte

Alderoni chercha au contraire à souffler entre eux le feu de la discorde, en exhortant mon père à tenir ferme, et à ne pas se désister de ses prétentions.

Si j'attribuai d'abord à la reconnaissance cet assentiment à sa manière de voir, je ne tardai pas à être convaincue que cette complaisance d'Alderoni avait un autre motif. Habile à profiter de la circonstance de cette querelle, il se hâta de s'insinuer encore davantage dans l'esprit de mon père, en s'entretenant avec lui des hauts faits de nos ancêtres.

Il saisissait aussi toutes les occasions, sans qu'il y parût, de le mettre dans la nécessité de lui faire le récit de ses campagnes; et cette conduite adroite lui ayant gagné toute son affection, il se proposa pour m'épouser. Quoique homme de grande naissance, dit-il à mon père, bien loin de déchoir, je crois m'honorer, et jeter de l'éclat sur les autres branches de ma

maison, en prenant un nom aussi illustre que le vôtre, et signalé à la postérité par tant d'exploits. Les descendans
de votre fille feront revivre tous les héros
de votre race ; ils porteront votre nom,
je serai fier de le leur transmettre.

Encouragé par le suffrage de mon
père, Alderoni me fit presque aussitôt l'aveu de sa criminelle passion,
dont il m'apporta pour preuve cet
acte de condescendance ; je me vis,
pour consentir à la célébration de cet
odieux mariage, continuellement en
butte à des persécutions et aux remon-
trances de mon père. Mon tendre attachement pour Frédéric, qui avait cependant eu son approbation, n'était plus
qu'un fol amour, une passion insensée,
romanesque, et que devait étouffer non-
seulement le devoir, mais même l'amour-
propre, pour peu que j'eusse celui de
sentir son dédaigneux refus de prendre
notre nom.

Francisque, digne valet d'Alderoni, d'après les injonctions de son maître, épiait mes moindres démarches, et veillait à ce que l'ordre donné par mon père à ses gens, de ne porter aucune de mes lettres à la poste voisine, fût strictement rempli. Je ne pouvais ni recevoir des nouvelles de Frédéric ni lui écrire.

J'étais sur le point d'être victime de cette oppression, lorsque, négociateur adroit et plein de zèle, l'oncle de Frédéric profita d'un moment d'absence de mon persécuteur pour amener mon père à une réconciliation. Il est convenu que pour perpétuer le souvenir des belles actions de notre famille, et n'en pas laisser éteindre le nom, Frédéric, au contrat de mariage, le joindra au sien, et que les noces se feront sous quelques jours.

On peut juger du mécontentement d'Alderoni en rentrant au château; mais il s'efforce de cacher son trouble, et féli-

cite mon père de cet événement inat-
tendu, l'assurant, que quoique je lui
sois extrêmement chère, s'étant bien
aperçu de ma répugnance à m'unir à lui,
il n'aurait jamais exigé, si elle se fût sou-
tenue, que je lui fisse le sacrifice de mon
bonheur.

Il s'approche ensuite de moi, et me
demande un entretien secret. Quoique
très-irritée contre lui, j'acquiesce cependant à sa prière ; il tombe alors à mes
genoux, me conjure de lui pardonner
son amour insensé, me promet de ne
m'en parler de sa vie, et me supplie de n'en point donner connaissance à
son ami, avec lequel il serait au désespoir de se brouiller ; il n'aurait point as-
piré à ma main si Frédéric n'eût pas perdu
l'espoir de l'obtenir.

Tandis qu'il parlait ainsi, une sombre
fureur, facile à démêler dans ses yeux,
malgré tous ses efforts pour la cacher,
me

me frappa d'épouvante. Je ne savais que penser de son repentir, mais je voyais tout ce que j'avais à redouter de cet esprit dangereux et vindicatif, si je m'obstinais à le refuser. Il pouvait, par des rapports artificieux, me nuire auprès de Frédéric, habitué depuis long-temps à le regarder comme son ami, et si je dévoilais sa trahison, une querelle sanglante ne devait-elle pas en être la suite, et n'avais-je pas à craindre que Frédéric, malgré toute sa bravoure, ne fût atteint d'un coup mortel ?

Toutes ces considérations me décidèrent à lui promettre le secret sur sa perfidie, sur-tout m'ayant annoncé son départ pour l'Italie immédiatement après la célébration de notre mariage ; et mon père qui, revenu à ses premiers sentimens, avait écrit à Frédéric de se rendre le plutôt possible au château, s'engagea comme moi, vis-à-vis de son indigne ami, à garder un profond silence sur le passé.

Comme le cœur me battit au retour de Frédéric! et que j'étais heureuse de le revoir dans les bras de mon père, qui lui prodiguait les plus tendres caresses et l'appelait son fils! Le surlendemain de son arrivée fut fixé pour notre mariage; tous nos voisins invités à la fête partageaient le bonheur des deux familles. Frédéric et Alderoni se donnaient mille marques d'amitié, nos gens étaient dans la joie; et il n'y avait pas jusqu'à Francisque, dont le regard habituellement sombre, ne fût, à l'instar de celui de son maître, devenu presque riant. Il rivalisait de zèle avec tous nos domestiques pour nous servir et chercher à être utile.

Enfin le jour si désiré arrive; il va mettre le sceau à mon bonheur, je pourrai m'occuper de celui de Frédéric. Le vénérable chapelain du château, malgré son grand âge, se rend à l'église; il s'y est déjà revêtu, pour l'auguste cérémonie, de ses habits sacerdotaux; son front sillonné par les ans, n'en rayonne pas moins de joie : il a marié le père, il va marier la fille. Mon père et Frédéric ne se sont point encore joints à nous, mais pourraient-ils un tel jour se faire attendre. Francisque les a bientôt trouvés dans le bosquet du jardin où ils achèvent le déjeûner préparé par ses soins; car l'âge de mon père ne lui a pas permis de différer de prendre quelque nourriture; il se peut que nous dînions plus tard que de coutume.

Le beau-père et le gendre arrivent se tenant par dessous le bras, et l'on n'aurait su distinguer, tant le contentement de l'un et de l'autre paraissait extrême, et se peignait avec feu sur leurs physionomies, quel était celui qui se mariait,

si Frédéric ne fût venu me donner
main. Nous nous mettons en marche
nous avons peine à traverser l'église et
percer la foule qui se presse pour nou
voir et nous accabler de bénédiction
Enfin nous voilà aux pieds de l'autel,
chapelain, le rituel à la main, y lit c
paroles sacramentales qui vont unir pou
jamais ma destinée à celle de Frédéri
Il jure qu'il me prend pour la compagn
de son cœur, sa légitime épouse. Inter
rogée par le ministre de Dieu, qui va sce
ler pour jamais notre union, je suis prê
à prononcer à mon tour le serment d'êt
à lui ; je me retourne pour en deman
der, suivant l'usage, la permission
mon père. Il était évanoui ; je jette u
cri, je veux voler à son secours ; la mai
de Frédéric, tombant sans connaissanc
sur les marches de l'autel, m'entraîn
après lui. Ingrate Sophie, je suis vengé
Ces paroles, prononcées d'une voix fort

par Alderoni, me glacent le cœur ; j'entends au même instant le bruit de deux coups de pistolet tirés à la porte de l'église, et l'horloge du château sonne midi. Ma vue se trouble, mes jambes chancellent, toutes mes forces m'abandonnent ; et, renversée sur les marches du sanctuaire, la respiration me manque. Froide, et en quelque sorte inanimée, il semble que je sois la proie de la mort, qu'elle ait étendu sur moi pour jamais ses ailes.

Ce n'est que six semaines après que je revins à la vie et revis la lumière du jour ; j'appris des deux respectables filles, vivant sous la règle de Saint-François de Paul, qui me gardaient, que mon père et Frédéric avaient été empoisonnés par Francisque, scélérat profond, employé par son maître à servir sa vengeance. Celui-ci voulant sortir de l'église, à la porte de laquelle l'attendait, avec deux

chevaux, son infâme complice, avait
éprouvé un obstacle qu'il avait cru vaincre, en tirant sur le garde-chasse qui
s'opposait à son passage; mais se voyant
cerné de toute part, et son domestique
effrayé s'éloignant au galop, ce détesta-
ble auteur de tant de forfaits, s'était,
d'un second coup de pistolet, brûlé la
cervelle.

La Providence, dans la société de ces
saintes filles qui avaient bien voulu, de
concert avec mes domestiques, prendre
soin de moi, m'inspira le désir d'embrasser leur état. J'ai suivi, comme vous
voyez, M. Balthasar, cette vocation, et
j'y serais heureuse si l'heure de midi ne
troublait point mon repos. Elle ne sonne
pas impunément pour moi; j'éprouve,
dès qu'elle arrive, une agitation extrême;
il me semble voir mon père tomber,
sentir la main de Frédéric m'entraîner
après lui, entendre les deux coups de

pistolet, l'horloge du château sonner, et je m'évanouis. J'ai donné, à l'exception d'une ferme, dont j'ai récompensé le zèle et l'attachement du garde-chasse blessé, tous mes biens aux pauvres. Je ne me suis réservée que la permission de faire transporter dans le château mes tristes restes, auprès de ceux de mon père et de Frédéric, et je leur porterai le ruban que vous avez vu.

Mais c'est assez, M. Balthasar, vous entretenir de cette Sophie qui n'est plus. Sœur Ursule va vous chercher la potion que le docteur, pour vous guérir de votre insomnie, vous a prescrite. La religieuse fut quelques minutes sans revenir, et le prince s'aperçut bien à son retour, qu'elle avait les yeux très-rouges ; mais il ne se serait jamais pardonné d'avoir l'air d'y prendre garde.

CHAPITRE IX.

Les félicitations que la sœur Ursule faisait chaque jour au prince, sur le retour de sa santé, étaient bien loin de lui être agréables. Elle lui annonçait par-là, en quelque sorte, que bientôt d'autres malades indigens allaient le remplacer dans cette chambre, consacrée à leur usage, par l'humanité et la bienfaisance de M. Chevalier.

Peut-être avait-elle, dans l'espoir de lui être utile, le désir d'apprendre ce qu'il deviendrait à sa sortie; certainement l'intention de l'affliger n'existait point dans son cœur. Bonne et sensible, elle continuait à veiller sur sa santé, son assiduité était la même; ou elle travaillait près de lui, ou, dans le petit cabinet adjacent à la chambre du prince, et qui

servait d'apothicairerie, et d'où elle pouvait l'entendre, elle préparait les médicamens destinés par M. Chevalier à
l'usage de quelques-uns de ses malades,
hors d'état de les payer.

Quoi qu'il en soit, ces fréquentes félicitations, au lieu de plaire au prince,
faisaient son tourment, et ne l'incitaient
que davantage à avoir au plutôt avec le
docteur, l'entretien qu'il désirait. N'ayant
pas encore une parfaite connaissance de
notre langue, l'entendant beaucoup
mieux qu'il ne la parlait, il avait pris
l'habitude de préparer chaque jour les
argumens qu'il pourrait employer lorsqu'il se trouverait en présence de M. Chevalier ; et, se méfiant autant de sa timidité que de l'ignorance où il était encore
de la signification de beaucoup de mots,
il s'enhardissait en quelque sorte à lui
parler, en répétant tout haut le discours
qu'il voulait tenir, ajoutant ou retran-

chant ce qu'après mûr examen, il croyait convenable.

Dès qu'il avait la certitude que la sœur Ursule ne travaillait point dans la pharmacie et ne pouvait l'entendre, il haranguait cet homme bienfaisant, comme s'il l'eût eu devant les yeux. S'aguerrissant ainsi de cette manière à lui adresser la parole, il mettait à profit tous les instans où il était seul, et la sœur absente de l'apothicairerie.

Que je serais heureux, disait-il, la voyant de sa fenêtre, occupée dans la cour, si je pouvais obtenir la continuation de l'intérêt de M. Chevalier, cet ami de l'humanité, et l'obtenir comme fils du roi de Timor, car je sens que mon ame, loin d'être abattue par le malheur, comme elle devrait l'être, conserve toute sa fierté ! Voilà le prince qui se promène à grands pas, dont l'imagination s'échauffe, que l'enthousiasme gagne, et qui poursuit son discours comme s'il eût eu en face le docteur, qu'il désirait de convaincre.

Il lui parle du royaume de son père, de la trahison du moine, du boulet de canon qui a emporté son ami Dumond, de sa prison en Angleterre, du refus du commis de faire partir sa lettre, du vol de sa montre et de sa bourse, de la nuit qu'il a passé aux pieds de la statue de Henri IV; enfin, il lui fait une courte énumération de ses malheurs, qui n'ont pas d'exemple. Il lui peint, avec les couleurs qu'il croit les plus propres à émouvoir sa sensibilité, l'affreuse position où il se trouve; sans ressource, sans amis : il est l'être le plus misérable qui soit sur la terre.

Laissez-vous toucher, homme bienfaisant, s'écrie-t-il, pour terminer le discours qu'il lui adresse; vous voyez devant vous le triste jouet de la fortune, l'exemple le plus déplorable de ses étonnantes vicissitudes. Je vous ai fait le récit de mes malheurs, pourquoi n'y croiriez-vous pas? Que gagnerais-je auprès de vous à forger l'imposture d'une naissance royale, à me donner pour l'héritier du royaume de Timor? Tôt ou tard ma fourberie ne serait-elle pas découverte, et ne me feriez-vous pas punir? Songez que c'est pour ne pas être un objet de charité, car je suis bien sûr que vous ne me retireriez pas entièrement votre bienveillance, que je vous parle d'une naissance qui, plus elle est auguste, plus elle aggrave mes maux. Ne vous ai-je pas aimé avant de vous voir? Votre portrait ne m'a-t-il pas fait désirer que ce fût vous à qui je dusses la vie? Si vous avez, par votre physionomie heureuse, où se peint si bien votre belle ame, fait cette soudaine et vive impression sur moi, si j'ai cru d'abord à vos vertus, pourquoi, de votre côté, ne croiriez-vous pas à ma sincérité? Pourquoi éleveriez-vous des doutes sur ce que je vous dis de ma naissance? Ah! laissez-moi me flatter que nos cœurs étaient faits pour s'aimer, pour s'entendre; qu'entre nous une douce sympathie n'attendait que le moment de notre rencontre pour former les nœuds de l'amitié la plus vive et la plus tendre; que cette sympathie existe... Oui, elle existe, elle agit, dit le docteur en s'élançant d'une porte qui s'ouvre tout-à-coup, dans les bras du prince; vous avez en moi un ami.

Le prince, aussi étonné qu'enchanté de cette apparition subite de M. Chevalier, ne sait s'il en doit croire ses yeux; il le regarde avec attendrissement, et il ne faut pas moins que l'explication que lui donne le docteur de cette venue soudaine, pour le convaincre que tout ce qu'il voit et entend n'est pas un songe. C'est à la sœur Ursule qu'il est rede-

vable de cet heureux dénoûment; elle
a craint, l'ayant entendu plusieurs fois
parler seul, et avec une grande véhémence, que sa raison ne fût encore éga-
rée; elle a cru en devoir prévenir M. Chevalier. Celui-ci, sans avoir cependant
l'intention de surprendre le prince, se
trouve avoir besoin dans ce cabinet, servant de pharmacie et touchant à sa chambre. Son nom, que l'on prononce avec
force, lui fait prêter l'oreille; ce que lui
a dit la sœur Ursule fixe son attention
sur tout ce qui sort de la bouche du malade; et, entraîné par le sentiment, peut-
être plus encore que par la conviction,
il est accouru, il lui a sauté au cou, son
cœur le reconnaît pour le prince héréditaire de Timor, et voudrait sur ce point
mettre sa raison d'accord avec lui et il
espère en venir à bout.

Jamais cause ne fut plaidée avec plus
de chaleur; c'est le docteur qui est l'avo-

cat du prince, et fait valoir ses moyens. Vous n'avez pas assez insisté pour me convaincre, lui dit-il, sur ce désir de revoir le roi votre père, qui vous a engagé à vous rendre à Paris pour prier la compagnie des Indes de vous accorder, sur un de ses vaisseaux, votre passage jusqu'à Timor. Ne voyez-vous pas que c'est tout ce qu'il y a de plus fort en votre faveur? Comment imaginer, que vous annonçant pour le fils de ce souverain, vous puissiez, ne l'étant pas, solliciter pour que l'on vous conduise auprès de lui? Il faudrait être dépourvu de tout jugement pour commettre cette extravagance, qui, indubitablement tournerait à votre perte. Voilà ce qui s'appelle un argument irrésistible, fait pour confondre les plus incrédules, et sur lequel vous auriez dû appuyer davantage; mais gardons-nous, mon cher prince, de le faire valoir; qu'il vous suffise d'être

reconnu par moi pour ce que vous êtes.
On irait peut-être jusqu'à se persuader
que vous n'avez d'autre but que de tirer
des secours du gouvernement, et de profiter, dans la route, de la première occasion qui pourrait s'offrir pour, ensuite,
vous dérober à la punition de votre imposture, dont vous auriez recueilli quelques fruits; ne parlez à personne de votre
naissance, je crois ce parti plus sage.

M. Chevalier fit alors au prince l'énumération d'une multitude d'étrangers
qui, à la faveur de faux noms et de fables ourdies avec art, et débitées avec
impudence, étaient parvenus, à diverses
époques, à surprendre la religion de nos
rois et de leurs ministres. Le prince héréditaire de Timor ne courrait-il pas les
risques d'être assimilé dans l'opinion à
ce tas d'aventuriers qui avaient ainsi
abusé de la confiance, et imposé à la
crédulité d'une nation généreuse, portée
de

de tous temps, à secourir les étrangers malheureux?

N'y avait-il pas eu dans le siècle précédent, un homme sans aveu, un vagabond plein d'astuce et d'audace, se faisant appeler *Zaga Christ*, se disant fils du roi des Abyssins, et qui, venu à Paris, où il était mort en 1638, y prenait effrontément ce titre, sous lequel il faisait des dupes? La perte d'une bataille, où son père tout-à-la-fois avait été privé du trône et de la vie par un usurpateur, servait de texte à tous les mensonges qu'il mettait en avant, pour exciter la générosité des cours auxquelles, dans sa prétendue infortune, il s'adressait, et qui, comme celle de France, s'étaient trouvées mises à contribution par ses artifices.

Quelques années plus tard, en 1650, un Mahomet-Bey, usurpant également un faux titre, ne s'était-il pas hautement

annoncé pour être le souverain de Trébi-
sonde, généralissime de l'armée noire ?
L'histoire qu'il forgeait, quoique diffé-
rente, n'en était pas moins de la même
trempe. Par esprit de pénitence il avait
abdiqué la souveraineté, et le vol fait par
ses esclaves de ses trésors, le mettait dans
l'impossibilité de subsister sans l'aide de
quelque puissance ; car comment pouvait-il espérer de jamais remonter sur
son trône, s'en étant fermé le chemin par
son attachement à la religion chrétienne,
en horreur à ses peuples, et dont il n'é-
tait pas moins l'ardent prosélite ? Presque
en même temps, n'avait-on pas vu jouer
encore un semblable rôle à *Seiftya*,
prétendu prince persan ; chassé, disait-
il, de sa principauté de Candahar, à
l'époque où le sophi de Perse en avait
fait la conquête sur le Mogol ?

Plus ces imposteurs, se parant de titres
illustres, avaient, par leurs feintes infor-

tunes, abusé de la crédulité, plus le public se tenait sur ses gardes et craignait de tomber dans de semblables erreurs. Le gouvernement étant devenu très-méfiant pour avoir été souvent trompé, il fallait en cas pareil, prouver, jusqu'à l'évidence, pour se flatter d'en être cru. Il ne se décidait plus que sur des faits, et il n'y avait à lui présenter, en faveur du prince Balthasar, que des conjectures.

M. Chevalier eût pu se dispenser de rapporter au prince tous ces exemples, pour le dissuader de s'annoncer pour le fils du roi de Timor; il n'en avait pas l'intention. Doué d'un trop excellent jugement pour ne pas sentir la justesse des observations du docteur, il se les était déjà faites. Heureux s'il pouvait parvenir à s'embarquer pour les états de son père! N'était-ce pas son seul but, son unique ambition?

Il interrompit souvent le docteur par

ses témoignages de reconnaissance, de ce que, non-seulement il prenait soin de sa santé, mais lui donnait un asile. A propos, mon cher prince, lui dit M. Chevalier, vous pensez trop bien pour vouloir faire tort à mes pauvres; vous occupez leur chambre, c'est chez moi que doivent loger mes amis. Le docteur prend le bras du prince, et traversant la cour où était encore la religieuse: sœur Ursule, lui crie-t-il, n'oubliez pas que notre chambre est vacante; il mène le prince à une des plus jolies du corps de bâtiment qu'il habitait. Dans le palais du roi de Timor, votre père, tout est bien différent de ce que vous voyez ici, prince, lui dit-il en entrant; mais ce que vous y prisiez le plus sans doute, je m'engage à vous l'y faire trouver, un cœur plein de tendresse et d'affection pour vous. Le prince et le docteur s'embrassèrent, et comme ils avaient tous les deux les yeux humides, il aurait été difficile de décider qui était le plus touché et le plus satisfait.

Dès ce moment le prince Balthasar vécut dans la plus grande intimité avec M. Chevalier; ils mangeaient ensemble, et lorsque le docteur, occupé de ses malades, allait les visiter, le jeune prince mettait à profit ses conseils; il lisait beaucoup. Sentant combien son éducation avait été négligée, il cherchait à réparer le temps perdu, en prenant au moins une teinture de toutes les connaissances précieuses qu'il eût pu acquérir s'il en eût eu le temps; mais dans l'impuissance où il était de les embrasser toutes, il s'attacha aux plus utiles.

Trop heureux sans doute dans ses études d'avoir un tel guide; car M. Chevalier était extrêmement instruit et éclairé. Il puisait encore dans son commerce et dans sa conversation, ce qui lui manquait du côté de l'usage et de la

connaissance des devoirs de la société.
N'ayant encore vécu, depuis son départ
d'Animalthie, qu'avec des marins, gens
la plupart brusques et grossiers, il n'avait
pu acquérir, en les fréquentant, cette
politesse aisée, ces manières douces et
pleines d'aménité, qui annoncent l'homme
bien élevé, et qui, en disposant d'abord en sa faveur, préparent ses succès
dans le monde.

Se modelant sur le docteur, et il ne
pouvait mieux faire, celui-ci voyant la
bonne compagnie et en ayant le ton, il
parvint à l'étonner par ses progrès dans
l'art de se rendre agréable. Sans affectation, sans afficher cet extrême désir de
plaire, qui, si souvent fait manquer le
but, il se faisait aimer.

D'après la permission du docteur, il
lut avec avidité les excellens livres de
sa bibliothèque et les relut plus d'une
fois. Les fables de la Fontaine, et Télé-

maque, étaient sur-tout ses ouvrages favoris et ses lectures de prédilection. Il
considérait le premier comme un cours
excellent de morale à l'usage de tous
les hommes; et le second, destiné plus
particulièrement à l'instruction des rois
et des princes, ne leur en offrait pas
un moins bon; et comme on est en général porté à se faire application dans
ses lectures, de ce qui peut avoir quelque rapport à soi, il s'écriait souvent
en lisant ce dernier livre : Pourquoi
faut-il que, traduit en tant de lan-
gues, il ne l'ait pas été en malais, et
ne soit pas tombé entre les mains de
mon père? Il n'aurait pas été besoin
de me faire voyager pour m'instruire
dans l'art de régner, ce livre me l'eût
appris. Que ma destinée a été diffé-
rente de celle de Télémaque! Il était
parti d'Itaque pour retrouver son père,
et moi j'ai laissé le mien à Animalthie.

Minerve le conduisait et le P. Ignace m'a servi de guide! Quel mentor que le P. Ignace! quel contraste! La sagesse d'une part et la lâche trahison de l'autre; la vertu et le vice également personnifiés. Si quelque rapprochement pouvait avoir lieu entre nous, ce serait sans doute par cette tendresse extrême pour nos pères, qui nous rend si sensible leur absence et toutes les dures épreuves où nous a l'un et l'autre fait passer la fortune. Puis-sai-je, à l'école du malheur, comme Télémaque, devenir sage, et me retrouver enfin aussi dans les bras de mon père! Ah! il n'aimait pas plus Ulisse que j'aime le roi Sélim!

La sphère des idées du prince s'agrandissait chaque jour; ce n'était déjà plus cet Indien, étranger à tous les usages de l'Europe, et à toutes ces sciences précieuses, fruit de la civilisation. Son esprit pénétrant parcourait avec succès le cercle

verble des connaissances humaines. Il
croyait combien les limites, que l'ignorance
autant que la paresse leur avait circons-
crites, s'étaient, en quelque sorte, re-
culées devant les pas de grands hommes,
seuls capables de les franchir. Mais ce qui excitait surtout sa vive
admiration, c'était l'époque si glorieuse à
l'esprit humain, où Christophe Colomb,
secouant le joug des préjugés et des vieilles
erreurs, avait annoncé et découvert un
Nouveau-Monde, par le seul effort de
son génie. Il ne pouvait se lasser de con-
templer, dans une espèce d'extase et
de ravissement, et comme méritant,
ainsi que le soleil, d'être l'objet d'un
culte religieux chez un peuple idolâtre,
la boussole, ce guide fidèle des naviga-
teurs, dans les mers les moins connues. La
communication établie d'un pôle à l'autre
entre l'ancien et le Nouveau-Monde, lui
était due; mais il en était résulté un tel

mélange de bien et de mal, qu'on ne
savait si le genre humain y avait gagné
ou perdu. Quant au prince, il aurait
cru être certainement dans le cas de s'affliger de ce qu'en 1520 la boussole
avait conduit Magellan dans son pays,
et par-là ouvert la route d'Anamathie
au P. Ignace, s'il ne lui eût pas dû de
connaître M. Chevalier, de plus ver-
tueux des hommes, et cet autre Français, si plein de sensibilité, l'honnête
Dumond, à qui il était redevable de si
grands services, et que son cœur regret-
tait toujours.

L'histoire, la littérature, les sciences
exactes furent tour-à-tour l'objet de ses
études. En moins d'un an, devenu
homme instruit, comme homme aimable, le prince de Timor avait acquis tout
ce qui lui manquait du côté de l'instruction; tout dans son esprit s'était étendu,
perfectionné. L'éducation, en fécondant

tous les germes que recélait son heureuse
intelligence, en avait fait un autre être,
et, s'il lui restait encore quelque chose de
l'enfant de la nature, il y aurait eu tout
à perdre en l'altérant : aurait-il été possible de lui donner une plus belle ame,
un meilleur cœur ?

M. Chevalier s'attachait chaque jour
davantage à ce jeune prince; d'abord par
ce sentiment naturel qui nous rend chers
ceux que nous avons obligés; et puis le
prince Balthasar était si sensible, si reconnaissant, il lui marquait tant d'a-
mitié !

Malgré toutes les peines prises par le
docteur pour obtenir de la compagnie
des Indes qu'on facilitât le retour du
prince à Timor, il était sans espérance de
succès. Ce prince, il est vrai, n'avait pas
cru prudent de confier à personne le
secret de sa naissance : la crainte qu'on
ne tournât en dérision ce qu'il aurait pu

dirc à ce sujet, et qu'en le taxant d'imposture, on ne rejetât sa demande comme celle d'un aventurier tendant des piéges pour être transporté aux Indes sans qu'il lui en coutât rien, semblait lui prescrire cette réticence.

Car comment la compagnie aurait-elle pu s'assurer qu'il était le fils du souverain de Timor? Ce royaume était ouvert aux seuls Portugais et Hollandais ; ils y avaient un commerce exclusif et ils auraient bien empêché aucun des vaisseaux de la compagnie d'entrer dans ses ports ; alors que faire d'un vil aventurier? Le punir de sa fourberie si elle était découverte ; mais le châtiment qu'on lui infligerait rembourserait-il de ses frais de passage? Toutes ces considérations, en mettant ainsi de fortes entraves au zèle de M. Chevalier, prolongeaient chez lui le séjour du prince.

Enfin cependant, une circonstance si

heureuse se présenta, pour obtenir ce que désirait le prince, que M. Chevalier résolut de ne pas la perdre et de se hâter d'en profiter.

La célébrité du docteur pour la cure des maladies les plus graves, le fit appeler chez un des principaux directeurs de la compagnie des Indes, et il eut le bonheur de le tirer d'affaire. Dans l'effusion de sa vive reconnaissance pour le retour inespéré à la vie qu'il lui devait, M. Gilly (ainsi se nommait le directeur) supplia instamment M. Chevalier, puisqu'il refusait tout ce qu'il pouvait lui offrir, de le mettre au moins, de quelque autre manière, à même de lui témoigner sa gratitude, et le docteur ne balança point à lui raconter l'histoire du prince, et à le conjurer de lui être favorable : ce qu'il obtint facilement.

Il fut convenu que le prince pourrait s'embarquer à bord d'un des premiers

vaisseaux partant de Lorient pour la
Chine; et M. Gilly écrivit sur-le-champ
au chef de la troisième division de l'administration des affaires de la compagnie,
afin qu'il fit passer des ordres à Lorient. Le prince, rendu à bord, devait être débarrassé de toute représen-
tation et de tout assujétissement à l'éti-
quette gênante de son rang; M. Gilly
ayant jugé convenable, de concert avec
M. Chevalier, de ne le désigner que sous
le simple nom de Balthasar, en l'annonçant toutefois comme un homme de
considération attaché à la cour de Timor. Cette sage mesure, en épargnant
au prince l'humiliation de ne point paraître avec l'éclat convenable à sa naissance royale, lui assurait cependant les
égards et le respect de ceux avec qui il
pouvait être embarqué.

M. Chevalier, tout en même temps
ravi et affligé d'avoir si bien réussi, fit

part sur-le-champ au prince de son succès ; qui, en le replaçant entre les bras
de son père, allait mettre entr'eux une
telle étendue d'espace, que l'idée seule
en était effrayante pour l'un et pour
l'autre.

Si quelque chose pouvait apporter de
l'adoucissement à la douleur de M. Chevalier, c'était sans doute la manière aimable dont M. Gilly avait recommandé
le prince au chef de division : sa lettre
n'étant pas cachetée, il lui en fit lecture ;
elle était ainsi conçue :

« Le chef de la troisième division de
» l'administration donnera les ordres les
» plus précis, pour qu'à bord d'un de
» nos premiers vaisseaux, faisant voile
» de Lorient pour la Chine, la meilleure
» chambre soit préparée pour y recevoir
» M. Balthasar, homme de grande nais-
» sance et de considération, occupant
» une des places les plus distinguées à la

» cour du roi de Timor. Les ordres se-
» ront également donnés au capitaine,
» pour qu'il lui fasse rendre à bord toutes
» sortes d'honneurs et de respects, comme
» à un personnage dont la protection et
» la bienveillance peuvent être extrême-
» ment utiles aux intérêts de la compa-
» gnie. Ce sera M. Balthasar qui remettra
» lui-même cette lettre au chef de la troi-
» sième division.

» M. Gilly recommande au chef de la
» troisième division d'être plus exact à
» remplir ses devoirs. On porte conti-
» nuellement des plaintes contre lui à
» l'administration, qu'elle finira, si cela
» dure, par lui retirer sa confiance et lui
» ôter sa place. Ce n'est pas assez que
» d'apporter une grande diligence à ex-
» pédier les ordres de la compagnie et à
» surveiller le travail de sa division, il
» faut, aux audiences que l'on donne,
» écouter tout le monde, être d'une grande

» honnêteté, et même par[i] des paroles
» douces et obligeantes, adoucir les
» refus ».

Voilà, dit le docteur au prince, la
meilleure recommandation que nous
puissions avoir; il sera, je crois, convenable que demain, sans tarder davantage,
vous portiez cette lettre à son adresse, et
n'oublions pas de la cacheter. Les bureaux de cette administration, à ce que
m'a dit M. Gilly, ont changé de place;
ils ne doivent pas être loin d'ici.

Voilà donc votre voyage arrangé, mon
cher prince, mais ne m'instruisez pas du
jour du départ; je ne veux pas le savoir;
ce sera bien assez de l'apprendre par votre
absence, sur-tout n'en parlons plus. C'é-
tait un trop triste sujet d'entretien, pour
que, de part et d'autre, ils ne s'efforças-
sent pas d'en détourner la conversation;
mais ils y revenaient malgré eux. Ainsi

se passa la journée; le souper fut re-
marquable par le morne silence qu'ils y
observèrent, et sans s'interroger, il leur
était bien facile de se rendre compte de
leur taciturnité.

CHAPITRE X.

D'après ce que lui a recommandé le docteur, le prince se trouve le lendemain au matin un des premiers à l'ouverture des bureaux de l'administration de la compagnie des Indes. Il est introduit à son tour dans le cabinet où le chef de la troisième division donne audience. Qu'on juge de son étonnement, c'est le même commis, dont il a essuyé, pour l'envoi d'une lettre, ce cruel refus qui l'a plongé dans le désespoir. Celui-ci tenait un placet dans la main droite ; reconnaissant le prince, il prend de la gauche la lettre qu'il lui présente et la met dans sa poche, en lui disant : « C'est bon, quand je l'aurai lue nous verrons si elle peut partir. Vous pouvez, mon ami, vous retirer. »

Le prince lui fait observer que c'est une lettre de M. Gilly, et qu'il l'a chargé, lui-même, de la lui remettre. Il en est aussitôt toisé avec l'air de la surprise ; cependant le commis décachète la lettre ; il la lit, il s'approche d'un air gracieux et riant, et engage le prince à s'asseoir dans son fauteuil. M. Gilly, lui dit-il, est trop de mes amis pour que je n'aie pas égard à sa recommandation. Voilà, monsieur, ce qu'il m'écrit sur votre compte : il lit tout haut la lettre ; et en vérité, ajoute-t-il, la finale n'en est pas moins obligeante et affectueuse pour moi ; je le reconnais bien à son style : « Je profite de » cette occasion pour assurer mon ami » Murville de mon tendre et inviolable » attachement ; je l'embrasse et l'aime » de tout mon cœur ». M. de Murville, monsieur, est à vos ordres ; il va écrire sur-le-champ à Lorient, trop heureux, en servant son ami Gilly, de vous témoigner son respect et sa considération très-distinguée. Le prince prend congé du commis, mais il ne peut obtenir qu'il reste à son audience ; pour lui faire honneur, il parcourt, à sa suite, la pièce spacieuse qui est à côté, et où attendent impatiemment mille gens qui ont à faire à lui ; et à la dernière antichambre qu'il traverse encore, il l'accable, en se retirant, des plus profondes révérences.

Le prince de Timor était trop affecté de sa position, pour être frappé du contraste de cette conduite respectueuse du commis avec sa première réception. Son cœur, tout entier à deux sentimens qui se le partagent, est tour-à-tour dans l'ivresse de la joie et dans l'abattement de la douleur : s'il songe au bonheur qu'il aura de revoir son père, il se livre avec transport à cette idée riante ; pense-t-il à sa séparation prochaine de M. Chevalier, alors la tristesse le gagne, le découragement s'empare de lui, il est tout autre. Comme il s'esti-

merait heureux de pouvoir concilier ensemble l'affection qu'il porte à l'auteur
de ses jours, et sa tendresse pour celui
qui les a sauvés !

Pourquoi ne proposerais-je pas au docteur de s'embarquer avec moi? se dit-il. Je
réunirais à Animalthie les êtres qui me
sont les plus chers ; et quels si grands
obstacles aurais-je donc à surmonter pour
arriver à cet accomplissement de mes
vœux ? Il a un fils... eh bien! il sera du
voyage ; je me sens déjà disposé à l'aimer
comme un frère ; mon père les comblera
l'un et l'autre de faveurs. Il rendra
M. Chevalier si riche, qu'il pourra à son
gré se livrer à toute sa bienfaisance. Ne
sera-ce pas augmenter son bonheur que
de le mettre plus à même de faire du bien
aux hommes ? Ne convient-il pas que
toutes les parties du monde soient à leur
tour l'objet de cette tendre sollicitude
pour ses semblables, dont son cœur est

continuellement pénétré ? Pourquoi l'Europe jouirait-elle seule des exemples de vertu que le ciel l'a destiné à donner sur la terre ; les Indes aussi n'y ont-elles pas droit ?

Oui, j'en suis bien sûr, j'obtiendrai cette marque de son amitié. Ne vois-je pas que depuis plusieurs jours ses regards se fixent plus souvent sur moi qu'à l'ordinaire ? Le son de sa voix quand il me parle n'est-il pas plus doux, et il a beau faire, ne lui échappe-t-il pas de temps en temps, en ma présence, quelques soupirs qui décèlent sa peine ? Aussi tourmenté que je puis l'être de cette cruelle séparation, ne l'ai-je pas surpris hier les yeux mouillés de larmes, et ne m'a-t-il pas, en me quittant pour s'aller coucher, embrassé avec une plus grande effusion de tendresse ? Certainement je n'en essuierai pas un refus. Et qui sait si je ne pourrai pas encore également dé-

terminer cette bonne sœur Ursule à nous
accompagner ? Ah ! je sens bien que
pour que rien ne manque à mon bonheur,
il faut que je les aie avec moi, que je sois
entouré de tout ce que j'aime !

Voilà le prince de Timor enchanté
de ce projet, où se complaît son sensible
cœur. Il brûle d'en faire part à M. Chevalier, et son imagination aplanissant
toutes les difficultés, lui en rend l'exécution facile.

Entrer chez le docteur, lui sauter au
cou, le conjurer de lui accorder une
grâce à laquelle tient le bonheur de sa
vie, est, pour le prince, l'affaire d'une
minute. Que se passe-t-il donc en vous de
si extraordinaire ? s'écrie M. Chevalier,
un peu étonné, et affligé sans doute de
son extrême gaîté. Tout est arrangé,
mon cher docteur, nous ne nous sépare-
rons plus : vous, votre fils, la sœur Ursule et moi, nous montons à bord du
même

même vaisseau, et allons habiter ensemble Animalthie. Il n'y a plus que le
consentement de la sœur à avoir, et sûrement vous l'obtiendrez. Quant au
vôtre, je n'en doute nullement ; et pour
ce qui est de celui de votre fils, s'il vous
aime autant que je vous aime, il n'hési-
tera certainement pas à vous suivre.
Comme mon père va être heureux de
vous serrer dans ses bras ; après son fils,
vous serez ce qu'il aura de plus cher !

Le docteur ne put que sourire à ce
trait de sensibilité. Vous voyez, mon
cher prince, lui répondit-il, tout en
couleur de rose : et quand votre cœur
s'en mêle, tout lui paraît possible ; mais
dites-moi, je vous prie, comment transporter si loin un vieillard de mon âge,
le faire vivre sous un climat si différent de celui où il a pris naissance ;
changer soudainement ses habitudes ;
lui faire apprendre une langue étran-

gère; le plier à des coutumes et à un
genre de vie tout autre que ceux qu'il
a adoptés depuis tant d'années?

— Non, mon cher Balthasar, nous ne
vous accompagnerons pas. Le ciel, en
nous créant, nous a assigné à chacun
nos places sur le globe; il y a marqué
nos rangs, comme les points sur les-
quels nous devons exister; il nous a
destinés, de toute éternité, vous à régner aux Indes, à avoir des sujets dans
les régions équatoriales, et moi, à vivre
en Europe, et y prendre soin de la santé
de nos semblables. Nous y avons chacun
notre tâche, mon cher prince, efforçons-
nous de la remplir de notre mieux, pour
être un jour à jamais réunis, et n'avoir
plus qu'une patrie commune. Cessons
donc de nous bercer de chimères, sources
inépuisables de chagrins lorsqu'elles
s'évanouissent; car, que reste-t-il des il-
lusions les plus douces, quand la raison

les dissipe, et en fait apercevoir le vide,
sinon le regret de s'y être livré avec trop
de confiance, de n'avoir pas été en garde
contre le charme et l'attrait de leur prestige?

Quoique le prince fût affligé du refus
du docteur, il était trop bien motivé
pour qu'il pût raisonnablement le com-
battre, et encore moins espérer de le
vaincre. S'occuper du plaisir de recevoir de ses nouvelles, et de lui faire
parvenir des témoignages de son amitié, c'est, dans cette circonstance dou-
loureuse, tout ce qu'il peut imaginer
pour diminuer le vif chagrin qu'il
éprouve. Il voudrait bien avoir ce portrait du docteur, sur lequel il a jeté les
yeux dès les premiers momens que la
raison lui est revenue après sa maladie;
mais la volonté de M. Chevalier ne lui
est pas plus favorable. Comment voulez-
vous, dit-il au prince, que je vous donne

ce portrait? N'est-ce pas par lui que
nous avons fait connaissance ensemble?
Il m'est trop cher, pour que rien au
monde m'en sépare jamais. Passe pour
celui qui est en miniature et au-dessus
de la cheminée, mais à condition que
j'aurai le vôtre : nous le ferons faire.»

Le prince se chargea de ce soin, bien
plus agréable pour lui que tous ceux
qu'il était obligé de prendre pour son
départ. Le plaisir de revoir son père ne
pouvait trop s'acheter sans doute; mais
son cœur, en le lui disant, lui disait
aussi qu'il ne pouvait le payer plus
cher qu'en quittant M. Chevalier. Il
avait l'espoir d'un grand bonheur, mais
il éprouvait un chagrin réel. On ne pouvait avoir plus de besoin de se porter
dans l'avenir pour supporter le présent.

L'avant-veille du jour où il devait
partir, M. Chevalier lui remit une
bourse où il y avait trois cents louis.

Voilà, lui dit le docteur, une avance que la compagnie des Indes prend la liberté de faire au prince Balthasar ; aussitôt qu'il sera rendu à Timor, il aura la bonté de la faire remettre à Canton, à son agent. Cette bourse contenait, à dix louis près, tout l'argent de M. Chevalier, et non celui de la compagnie des Indes. Il avait imaginé cette tournure pour le faire accepter du prince. Cette ruse de sa délicatesse n'était pas conforme à la vérité, sans doute ; mais si une faute est excusable par ses motifs et par son objet, M. Chevalier devait obtenir grâce ; c'était le premier mensonge qu'il faisait de sa vie.

A peine le prince fut-il en possession de cet or, qu'il en fit le plus noble usage, et le docteur sourit à cet emploi. Il envoya dix louis à la femme qui tenait l'auberge de la rue Saint-Jacques, où il avait logé, en récompense de ses bons

soins. Il aurait bien voulu faire accepter
quelques présens à la sœur Ursule, mais
le docteur lui observa que, scrupuleuse
observatrice des règles de son institut,
elle ne s'en écarterait certainement pas
plus que les autres religieuses de son
ordre, leur saint fondateur leur ayant
expressément défendu d'avoir rien en
propre, et sur-tout de recevoir la moindre
chose; et il ajouta, pour achever de le
détourner de toute tentative, que, quand
même, ce qui était bien loin de la vraisemblance, la sœur Ursule serait à
cet égard capable d'oublier ses vœux,
elle serait bien vite rappelée au refus
de ses dons par le sentiment de sa
naissance.

Le prince, qui a appris à peindre,
veut au moins garnir son livre d'Heures, de quelques dessins qui soient des
témoignages et des souvenirs de sa reconnaissance. A l'image de la Vierge,

il substitue le portrait très-ressemblant de la religieuse, et il écrit également au bas : *Mère et consolatrice des affligés, assistez-nous.* Il remplace dans d'autres, par la sienne propre, les figures de plusieurs malades, mentionnés dans la sainte écriture, dont la guérison a été miraculeuse ; et il y met la date de son arrivée dans la maison, qui est également celle de sa reconnaissance pour la sœur. Ce livre, qu'elle a fait demander, pour aller passer quelques jours à la campagne auprès d'un malade, sera bientôt dans ses mains, et il s'en réjouit. La sœur Ursule ne pourra l'ouvrir sans songer à lui et à la tendre affection qu'il lui porte. —

Cependant le cruel moment de la séparation approche ; le lendemain est fixé pour le départ ; le docteur lui a déjà donné son portrait : le peintre a fini le sien. Le lui remettra-t-il ? Pourra-t-il le lui donner sans que le trouble de son cœur ne le trahisse, sans que M. Chevalier lise sur sa physionomie ce qu'il a désiré de ne pas connaître d'une manière précise ; l'instant où, pour aller vivre dans un autre hémisphère, il doit, pour jamais s'éloigner de lui ? Non, il n'en aura pas le courage ; et puis il veut que ce portrait soit souvent exposé à ses regards. Il sait que le docteur se rend tous les jours à son salon des convalescens, qu'il y a placé à l'entrée une statue, parfaite ressemblance de son fils. Le prince de Timor s'y transporte ; il embrasse mille fois cette statue, il lui attache au cou son portrait, il y fait plusieurs tours avec la chaîne d'or qui le soutient, tant il paraît avoir peur qu'on ne l'en détache ; et bien sûr que les regards du docteur s'y porteront, il grave sur la statue, ces mots qu'il arrose de ses larmes : *Nous sommes deux.*

Cependant le docteur avait cherché à s'instruire

s'instruire du jour du départ, quoiqu'il eût annoncé vouloir l'ignorer. Quelquesfois il formait la résolution de ne pas voir le prince; dans d'autres momens, il se disait que, puisqu'il lui restait si peu d'instans à passer avec lui, il serait cruel de se condamner à ne pas le voir du tout. Aussi irrésolu sur ce qu'il ferait, que sur ce qu'il lui convenait de faire, sa raison sembla venir au secours de sa tendresse. Il se représenta quelle serait l'affliction du jeune prince, lorsqu'il monterait en voiture, lorsqu'il laisserait derrière lui des personnes dont l'affection lui était si chère.

Ne serait-il pas convenable, se dit-il, que par mon exemple je raffermisse son courage, qui sera, j'en suis sûr, bien près de l'abandonner dans cette cruelle circonstance; et n'est-ce pas à moi, qui lui ai servi de père, à fortifier son cœur, et à lui apprendre à soutenir en homme

les contrariétés de la vie? D'ailleurs, je
ne sais comment j'ai oublié de lui demander son portrait. Que penserait-il,
après l'avoir si instamment prié de me le
laisser, si ce gage de sa tendresse était si
indignement oublié dans ses mains? Ce
serait un tort que je ne me pardonnerais
jamais.

Le prince Balthasar devait partir à
cinq heures du matin; M. Chevalier était
descendu à quatre heures; et, visitant la
voiture pour qu'il n'y manquât rien, il
en remplissait les poches de comestibles.
Comme on se l'imagine bien, il avait
songé au portrait; mais par cet oubli,
qui n'était pas involontaire, il semblait
que son cœur voulût se ménager un motif pour être à ce départ, en dépit de la
raison qui combattait ce désir.

Mon cher Balthasar, dit-il au prince
héréditaire de Timor, dès qu'il l'aperçut,
vous avez tout ce qu'il faut pour être

heureux; mais vous êtes doué d'une grande sensibilité qui peut troubler votre repos, si sur-tout vous éprouvez jamais cette passion vive que vous ne pouvez sentir qu'avec force d'après la trempe de votre caractère; si vous portez dans le sentiment de l'amour la même chaleur que vous avez en amitié. Nous voici, vous et moi, en butte aux traits du sort; il nous sépare, mais nous n'en serons pas moins amis : vous emportez mon portrait, le vôtre sera souvent l'objet de mes regards; remettez-le moi, mon cher prince. Il est au salon des convalescens, répondit le prince. Eh bien! en vous quittant j'irai l'y prendre, je croirai vous rejoindre; il fera ma consolation, puisque je dois cesser de vous voir.

C'est, poursuit-il, dans ces momens qui, je l'avoue, sont cruels lorsqu'on s'aime tendrement, qu'il faut s'armer de courage. A quoi servirait d'en être doué, si dans les occasions importantes de la

16 *

vie on ne savait pas mettre un frein à sa
douleur, commander à sa sensibilité.
Embrassez-moi, mon cher Balthasar,
recevez mes vœux ardens pour votre félicité ; et dans les événemens qui pour-
ront, comme celui-ci, mettre votre cœur
à l'épreuve, sachez être homme, et ne
pas vous laisser aller à ces attendrisse-
mens de femme, indignes de notre sexe,
et qui marquent une faiblesse et une pu-
sillanimité de caractère qui ne nous con-
viennent point.

Le docteur affectait ainsi une fermeté
stoïque, le partage des ames fortes dont
il voulait donner l'exemple au prince ;
il avait d'autant plus de peine à continuer que, s'étant hâté de descendre,
dans la crainte de ne pas arriver assez
tôt, il avait oublié son mouchoir, et
qu'il allait devenir bien difficile, en embrassant le prince pour lui faire ses
adieux, qu'il ne le laissât pas s'apercevoir
que ses joues étaient mouillées de larmes.

Le prince s'incline respectueusement devant M. Chevalier : mon front est encore tout souillé, lui dit-il, de la bénédiction du moine Ignace, qui ne peut que me porter malheur ; que la vôtre l'efface et en empêche l'effet. Oh ! mon père, ne me refusez pas !

Je vous la donne, mon cher Balthasar, s'écrie alors le docteur d'une voix plus forte, et comme animé par une inspiration soudaine, je vous la donne ! Que le ciel, que je ne cesserai jamais d'implorer pour vous, vous protège ; que la Providence veille constamment sur vous, et vous accorde de longs jours exempts de troubles et d'orages ; qu'ils soient pleins de bonheur comme de bonnes actions ! Adieu, mon ami, mon bon ami, écrivez-moi.

Après qu'ils se sont de nouveau embrassés, le docteur, pour que son émotion soit moins visible, serre fortement la main du prince, détourne la tête, et l'aide, au sortir de ses bras, à monter en voiture. Il suit des yeux, pendant plusieurs minutes, sans changer d'attitude, la chaise de poste qui s'éloigne ; mais bientôt ne la voyant plus, il se rend au salon où il doit trouver le portrait.

Le prince est hors de Paris, il est déjà au-delà des barrières ; le voilà sur la route de Lorient. Trois chevaux, au grand galop, en l'éloignant de M. Chevalier, le rapprochent de son père. Qu'il lui tarde d'avoir le bonheur de le revoir, de lui parler des obligations qu'il a au docteur, de la sœur Ursule, de Dumond, de tous ces Français qu'il a vus, soit dans l'ancien, soit dans le nouveau Monde, que son perfide gouverneur lui à peints sous des couleurs si atroces, et dont il a si fort à se louer ! Quel plaisir il aura à l'entretenir de cette nation aimable et spirituelle, qui réunit à tant d'humanité un si grand fonds d'honneur et de bravoure !

En embrassant son tendre père, le prince, en faveur de M. Chevalier, qui l'a raccommodé avec l'humanité, pardonnera au P. Ignace qui la déshonore. Oui, il se fera cet effort, il l'a résolu ; il veut jouir d'un bonheur pur et sans mélange : la haine l'empoisonnerait. Dès qu'il verra le roi Sélim elle sortira de son cœur ; alors il sera tout entier à la tendresse filiale ; on n'est heureux que par les sentimens doux et affectueux, les sentimens contraires font le tourment de la vie.

Avec quelle extrême vitesse il parcourt ce beau pays, arrosé par la Loire, dont il côtoie les bords ! Les postillons, les chevaux semblent partager son impatience ; il ne peut, tant sa voiture roule rapidement, fixer le moindre objet qu'il ne lui échappe aussitôt, et ne fasse place à d'autres tout aussi fugitifs.

Mille accidens ont rendu à beaucoup de voyageurs cette chaussée funeste ;

des guides imprudens les ont précipités dans la Loire ; mais pareil malheur n'arrivera pas au prince de Timor, je le vois hors de tout danger ; il sera le lendemain à Lorient. Le vaisseau, grâce à M. Gilly, l'y attend ; peut-être dès qu'il sera rendu à bord mettra-t-il à la voile. Quel bonheur pour lui de le voir cingler en pleine mer, fendant les flots, la proue dirigée vers le pays où il a pris naissance ; où, après tant d'infortunes, dans les tendres embrassemens d'un père, il oubliera tout ce qu'il a souffert, et sera enfin à l'abri des rigueurs du sort ! Il touche au lendemain si désiré, il arrive à Lorient, il s'informe du vaisseau ; depuis deux jours, favorisé d'un bon vent, il a quitté la rade, il est parti.

FIN DU TOME SECOND.

DE L'IMPRIMERIE DE LEFEBVRE,

RUE DE LILLE, N°. 11.

Beaufort d'Haut-Poul. 6 vol. in-18, avec des gravures. Prix, 18 fr. pou
21 fr. par la Poste, *francs de port.*

AMUSEMENS DE L'ADOLESCENCE, ou *Lectures agréables et instructive*
des deux Sexes ; par M. *Pierre Blanchard*, Auteur de *Félix et Pauline*, du
du *Buffon*, du *Voyageur* et de la *Mythologie de la Jeunesse* ; des *Déla*
l'*Enfance*, etc. ; et par Madame de *Renneville*, Auteur de *Stanislas*, roi d
d'*Octavie*, etc.
Douze volumes in-18. Chaque Volume est composé de 144 pages, avec un
Gravures en taille-douce. Le prix des 12 volumes, *pour Paris*, est de 18 f
francs de port. Pour 6 volumes on paie 11 fr. Le prix des 12 volumes *pour*
temens, est de 21 fr. rendus *francs de port*, par la Poste, *dans tout l'Empir*

ŒUVRES POÉTIQUES DE BOILEAU DESPREAUX, avec des Notes d
Le Brun, Membre de l'Institut National, Classe de la Littérature françaisî
sieurs Académies de France et étrangères, et de la Légion d'Honneur : or
superbe Portrait de feu M. *Le Brun*, gravé en taille-douce, grand format
M. *Ribault*, sur le dessin fait d'après nature, par M. *Lafitte*. 1 vol. in-8°. Pui
sur beaux caractères de petit romain, de petit texte et de cicéro, et imprimé
5 fr. et 7 fr. avec le Portrait de *Le Brun*. En papier vélin, 12 fr. avec le Port

ŒUVRES CHOISIES DE J. B. ROUSSEAU, avec des Notes de *P. D. E.*
Membre de l'Institut National, etc., de plusieurs Académies de France et ét
et de la Légion d'Honneur. 1 vol. in-8° de 400 pages, imprimé sur beau carré
vergne. Prix, 4 fr. 50 cent. broché ; 6 fr. 50 cent., avec un superbe Portrait
Brun, dessiné, d'après nature, par M. *Lafitte*, et gravé en taille-douce pa
bault. En papier vélin le prix est double.

MÉMOIRES DU MARQUIS D'ARGENS, Chambellan de Frédéric-le-Gran
Prusse, et Directeur de l'Académie Royale de Berlin ; contenant le récit des A
de sa Jeunesse, des Anecdotes et des Observations sur plusieurs Évenemens d
de Louis XV, et des Personnes de ce temps. *Nouvelle Édition*, augmentée d'
tice Historique sur la Vie de l'Auteur, sur son séjour à la Cour de Frédéric II
in-8°, avec une Planche. Prix, 5 fr. broché. En papier vélin, 10 fr.

ÉLÉGIES DE TIBULLE, traduites en vers français ; par M. de *Carond*
lles, avec le latin en regard. 1 vol. in-8°, imprimé en beaux caractères neuf
superfin avec le portrait de *Tibulle*, gravé en taille-douce. Prix, brochî

RIS, ou *le Fou qui vend de la Sagesse* ; Manuscrit publié par M. *Coffin*
cien avocat au Parlement de Paris ; Membre de la Société Académique des S
vol. in-12, de 730 pages, avec 3 Planches. Prix, 6 fr. broché.

SCIENCES ET ARTS.

COMPLET ou DICTIONNAIRE UNIVERSEL D'AGRICULTURE
d'*Économie Rurale et Domestique*, et de *Médecine Vétérinair*
digé par ordre alphabétique : Ouvrage dont on a écarté
qué, et dans lequel on a conservé les Procédés confirmés par l'expérienc
mandé par *Rozier*, par M. *Parmentier* et les autres Collaborateurs qu
auteurs. On y a ajouté les Connoissances Pratiques acquises depuis la
de son Ouvrage sur toutes les branches de l'Agriculture et de l'Économie
Domestique ; par MM. *Schnütz*, *Tollard aîné*, *Chabert*, *Lasosse*, *Fromage*
de Paris ; *Heurtault*, *Lamereille*, *Dupuiday*, *Charpentier-Cossigny*
Chevalier, *Cadet-Gassicourt*, *Poiret*, *de Chaumontel*, *Louis Dubois*
et *Deguesel de Cougnest* et *Vaillard.*
vol. in-8° de 3561, imprimé sur caractères neuf de
ification, avec le Portrait de *Rozier* et celui de M.
en taille douce

www.ingramcontent.com/pod-product-compliance
Lightning Source LLC
LaVergne TN
LVHW012011170726
843503LV00001B/314